교고사서 어휘력이
밥이다

교과서 어휘력이 밥이다

(고등 국어 1등급 중학 국어 만점 프로젝트, 교과서 개념어)

[교실밖 교과서®] 시리즈 **NO.25**

지은이 ㅣ 국밥연구소
발행인 ㅣ 김경아

2019년 7월 11일 1판 1쇄 인쇄
2019년 7월 18일 1판 1쇄 발행

이 책을 만든 사람들
책임 기획 ㅣ 김경아
북 디자인 ㅣ 김효정
그림 ㅣ 김도경
교정 교열 ㅣ 좋은글
경영 지원 ㅣ 홍종남
제목 ㅣ 구산책이름연구소

이 책을 함께 만든 사람들
종이 ㅣ 제이피씨 정동수·정충엽
제작 및 인쇄 ㅣ 천일문화사 유재상

도움을 주신 분들
한은희 ㅣ 애기똥풀 도서관 관장
허영옥 ㅣ 학부모 서포터즈

펴낸곳 ㅣ 행복한나무
출판등록 ㅣ 2007년 3월 7일. 제 2007-5호
주소 ㅣ 경기도 남양주시 도농로 34, 부영e그린타운 301동 301호(다산동)
전화 ㅣ 02) 322-3856 팩스 ㅣ 02) 322-3857
홈페이지 ㅣ www.ihappytree.com
도서 문의(출판사 e-mail) ㅣ e21chope@hanmail.net
내용 문의(국밥연구소) ㅣ gookbaab@gmail.com
※ 이 책을 읽다가 궁금한 점이 있을 때는 국밥연구소 e-mail을 이용해 주세요.

ⓒ 국밥연구소, 2019
ISBN 979-11-88758-12-8
"행복한나무" 도서번호 : 113

교과서 어휘력이 밥이다

국밥연구소 지음

행복한 나무

개념어, 비문학을 정복하는 핵심 열쇠

어휘 vs 개념어

학생들은 한자 어휘에 정말 약하다. 어휘 뜻을 제대로 모른 채 대충 읽어 넘기는 글이 상당히 많다. 그런데 어휘보다 어려운 것이 개념어다. 개념어는 한자 어휘와 더불어 제대로 된 독해를 방해하는 방해물이다. 특히 고등학교 과정에 들어가면 유난히 개념어가 많이 등장하고, 특히 수능 비문학(독서) 문제들은 개념어가 너무 많아서 개념어에 익숙하지 않으면 독해 자체가 힘들다.

케플러는 우주의 수직 질서를 신봉하는 형이상학인 신플라톤주의에 매료되었기 때문에, 태양을 우주 중심에 배치하여 단순성을 추구한 코페르니쿠스의 천문학을 받아들였다. 하지만 그는 경험주의자였기에 브라헤의 천체 관측치를 활용하여 태양 주위를 공전하는 행성의 운동 법칙들을 수립할 수 있었다. 우주의 단순성을 새롭게 보여 주는 이 법칙들은 아리스토텔레스 형이상학을 더 이상 온존할 수 없게 만들었다.

출처 : 2019학년도 수능 국어 문제(짝.27~32번)

이 지문에서 보이듯이 '신봉', '매료', '온존'과 같은 어려운 한자 어휘를 모르면 글을 이해하기 어렵다. 그러나 지문 이해를 더 방해하는 것은 '수직 질서', '형이상학', '신플라톤주의', '단순성', '경험주의자'와 같은 개념어다. 수능 시험 같은 경우 지문에서 개념어를 설명해주기도 하고, 전혀 설명 없이 지문이 진행되기도 하는데, 개념어를 소개해주더라도 개념어에 익숙하지 않은 학생들은 문제를 풀기는커녕 지문을 읽는 것마저 힘겨울 수밖에 없다.

가능세계는 다음의 네 가지 성질을 갖는다. 첫째는 가능세계의 일관성이다. 가능세계는 명칭 그대로 가능한 세계이므로 어떤 것이 가능하지 않다면 그것이 성립하는 가능세계는 없다. 둘째는 가능세계의 포괄성이다. 이것은 어떤 것이 가능하다면 그것이 성립하는 가능세계는 존재한다는 것이다. 셋째는 가능세계의 완결성이다. 어느 세계에서든 임의의 명제 P에 해 "P이거나 ~P이다." 라는 배중률이 성립한다.

출처 : 2019학년도 수능 국어 문제(짝.39~42)

이 지문은 '가능세계', '일관성', '포괄성', '완결성', '배중률' 등과 같은 개념어로 가득하다. 물론 지문 안에서 개념어를 어느 정도 설명해주고는 있다. 그렇지만 시간에 쫓기고, 잔뜩 긴장한 실전 시험에서 지문이 주는 설명만 읽고 온전히 뜻을 이해하기는 쉽지 않다. 개념어를 이미 알고, 개념어에 익숙한 수험생과 그렇지 않은 수험생은 실제 시험에서 큰 차이가 날 수밖에 없다.

개념어가 수능 국어 시험에서만 방해물이 되는 것은 아니다. 고등학교 교과서뿐 아니라 중학교 교과서에도 상당히 많은 개념어가 나온다. 학생들이 공부를 할 때 교과서를 보면서 혼자 공부하지 못하는 이유 가운데 하나는 교과서에 나온 개념어의 뜻을 혼자 힘으로 제대로 이해하지 못하기 때문이다. 개념어에 담긴 뜻을 명확히 익히기 위해서 공부 시간 중 상당한 분량을 투자하기도 한다. 흔히 우리는 수학 공부에만 개념에 대한 공부가 필요한 줄 알지만, 실제로는 거의 모든 과목에서 개념어에 대한 공부가 필요하다.

개념어란 무엇인가?

개념어를 이루는 한자는 다음과 같다.

概 - 대개 개,　念 - 생각 념,　語 - 말씀 어

한자를 토대로 개념어(概念語)의 뜻을 정의해 보면 '대략적인 생각이 그려지는 단어'라는 뜻이다. "개념을 알겠니?" 하고 물어보는데 이는 "대략적인 생각이 머릿속에 그려지니?" 하는 질문이다. 수학에 나온 개념을 이해하면 대략적으로 공식이나 원리가 머릿속에 생각이 떠오르고, 과학 이론을 이해하면 그에 관한 정의와 실험 결과가 머릿속에 대략적으로 떠오른다. 개념어도 마찬가지다. 개념어를 정확히 이해하면 "아! 이런 거구나!" 하는 깨달음이 찾아온다.

개념어는 왜 중요한가?

첫째, 개념어는 글을 이해하는 핵심 고리다. 개념어가 등장하면 보통 개념어가 그 글에서 핵심을 이룬다. 개념어를 이해하면 핵심을 이해하는 셈이다. 당연히 개념어를 모르면 글의 핵심을 알기 어렵다.

둘째, 개념어는 깊이 있는 이해를 돕는다. 개념어가 직접 등장하지 않는 글이라도 개념어를 많이 아는 사람은 개념어에 비추어 새로운 글을 이해한다. 개념어를 많이 알면 지식이 풍부해지고 생각이 깊어져서, 다양한 종류의 글을 읽고 이해하는 힘이 생긴다.

셋째, 학교 시험을 볼 때 큰 도움이 된다. 교과서는 수없이 많은 개념어의 연속이다. 개념어를 모르면 개념어를 익히는데 엄청난 시간을 들여야 한다. 개념어를 모르면 학습이 제대로 되지 않지만, 반대로 개념어를 미리 충분히 익혀두었다면 공부 시간이 단축되고, 같은 시간을 들여도 남들보다 훨씬 큰 성과를 거두게 된다.

넷째, 수능 국어 시험에 필요하다. 앞서 살펴보았듯이 수능 국어에 나오는 지문에는 어려운 한자어와 더불어 수없이 많은 개념어가 등장한다. 개념어에 익숙하지 않으면 수능 국어 시험에서 제대로 된 성과를 내기 어렵다.

『교과서 어휘력이 밥이다』의 특징

첫째, 중학 교과서에 등장하는 개념어를 총망라했다. 다종다양한 중학 교과서에 수록된 개념어 중에서 여러 출판사의 교과서에 공통으로 실리면서도 중요한 개념어 756개를 실었다. 여기 실린 개념어들은 교과서에서 핵심적으로 다루거나,

중학 학습 과정을 밟는데 필수적인 배경지식에 해당하므로 중학교 공부를 하는데 실질적인 도움이 될 것이다. 그리고 중학교 공부를 마무리하거나, 고등학교에 다니는 학생들 중에서 개념어나 어휘가 약해 성적을 올리는 데 어려움을 겪는 학생들에게도 큰 도움이 될 것이다.

둘째, 과목별로 정리하지 않고 정치, 경제, 사회문화, 법, 성질, 세계사, 철학 등 7개 분야로 새롭게 나누어 분류함으로써 통합교과적인 학습이 가능하게 했다. 보통 개념어는 과목별로 익히지만 하나의 개념어를 다양한 과목에서 활용한다. 도덕에 있는 개념어가 사회에도 나오고, 사회에서 다룬 개념어가 국어 지문의 배경지식으로 등장하기도 한다. 이처럼 개념어는 과목을 구분하지 않고 통합적으로 등장하기에 이 책에서는 과목별 분류 체계가 아니라, 분야별로 개념어를 나누어 익히게 함으로써 통합적인 학습이 가능하도록 했다.

셋째, 사전식 나열이 아니라 관계 속에서 개념어의 뜻을 알려주도록 구성했다. 개념어는 홀로 존재하지 않는다. 개념어는 다른 여러 개념어와 관계를 맺는다. 반대, 상하, 병렬, 보완, 파생, 동의어 등 수많은 관계 속에서 자기 뜻을 드러낸다. 이런 관계를 파악해야 개념어가 무슨 뜻인지 명확히 다가온다. 이 책에서는 개념어를 독립적으로 알려주는 것이 아니라 개념어와 개념어가 서로 어떤 관계를 맺고 있는지를 보여주면서 개념어를 익히게 하기 때문에 훨씬 효과적으로 개념어를 익힐 수 있을 것이다.

넷째, 개념어를 4단계에 거쳐 차근차근 익히도록 했다. 4단계는 다음과 같다.

1단계 개념어가 사용된 글 소개

2단계 마인드맵으로 이해하기

3단계 개념어 뜻을 사전식으로 익히기

4단계 개념어를 연결하여 이해하기

이처럼 단계를 밟아가며 개념을 머릿속에 확실히 그려지게 하므로 무작정 외우는 방식에 견줘 훨씬 효율이 높다.

이 책을 읽는 학생들에게 두 가지 부탁을 하고 싶다.

첫째, 정의를 여러 번 읽고 되도록 정확히 기억하도록 애써 보기 바란다. 보통 개념이나 정의를 불분명하게, 대략 기억하고 넘어가는 경우가 많은데 학문은 개념과 정의에서 출발한다는 점을 잊으면 안 된다. 수학이나 과학도 마찬가지고, 개념어 학습도 마찬가지다. 개념어에 담긴 뜻을 명확하게 기억하면 글의 뜻이 분명하게 드러나 이해하기도 훨씬 쉽다.

둘째, 마인드맵을 그냥 보지만 말고 자신이 완전히 기억해서 그려 보기 바란다. 앞서 말했듯이 개념어는 독립적으로 존재하지 않으며 서로 관계를 맺으면서 존재한다. 마인드맵을 따라 그려보면 개념어를 익히는데 훨씬 도움이 될 것이다.

공부를 하는 수단은 언어다. 따라서 공부의 기본은 어휘다. 기본기를 제대로 익히지 않으면 제대로 실력을 발휘하지 못한다. 어휘 학습이 공부의 출발점임을 명심하고, 가장 기본이 되는 공부부터 차근차근 해나가길 바란다.

국밥연구소

이 책을 보는 방법

사회화 · 사회집단 · 내집단 ··· 생애주기

1단계 : 이야기 속 개념어

주인공 '나'가 개념어를 사용해 소설처럼 일상을 끌어간다. 우리가 배울 개념어가 일상에서 어떻게 쓰는지 이야기로 보여준다.

이야기 속 개념어

내가 보기에 삼촌은 아무리 봐도 사회화가 덜 되었다. 생애주기로만 따지면 벌써 장년기에 들어섰는데도 자신이 속한 사회집단이 아니라 엉뚱한 집단을 준거집단으로 삼는다. 그래서 그런지 삼촌이 속한 내집단 중에서도 1차 집단인 우리 가족, 특히 작은고모와 사이가 좋지 않다. 작은고모는 지극히 현실적이고 성취지위를 중요하게 여기기 때문에 그런지 몽상가인 삼촌을 주변인 취급하는 경우가 많다.

그림으로 읽는 개념어

2단계 : 그림으로 읽는 개념어

그림을 통해 개념어끼리 어떤 관계를 맺고 있는지 전체적으로 보여준다. 그림을 한 번 보고 끝내지 말고 구조를 완전히 익힌 뒤 보지 않고 혼자서 그려보기 바란다.

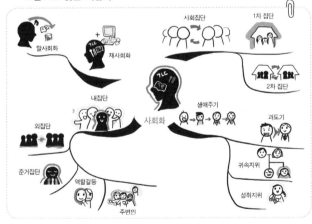

3단계 : 개념어 사전(개념어 뜻을 사전식으로 익히기)

개념어의 뜻을 사전식으로 풀이했다. 일반 사전식 풀이보다는 길지만, 백과사전식 풀이보다는 짧게 해서 간략하고 손쉽게 개념어의 뜻을 익히도록 했다.

개념어 사전

사회화 - 재사회화 - 탈사회화

사회화　한 사람이 자신이 사는 사회에서 살아가기 위해 필요한 문화, 가치, 규범 등을 배워나가는 과정. 사회화가 잘 되어야 한 사람의 성인으로 사회에서 제대로 살아간다.

재사회화　성인이 된 뒤에 빠르게 변하는 사회 환경에 적응하기 위해 새로운 가치관, 생활방식 등을 배우는 과정. 세상이 워낙 빠르게 변하기 때문에 이를 따라가려면 현대인들은 평생 학습하고 배워야 한다.

탈사회화　새로운 사회에 적응하기 위해 이미 익힌 것들을 버리는 과정. 이민을 가거나 전혀 새로운 집단에 속하게 되면 과거에 몸담았던 나라나 집단에서 익숙했던 것들은 버리고 새롭게 배워야 한다.

개념어 연결하기　어릴 때 사회에 적응하기 위한 배움이 사회화라면, 어른이 되어 변화하는 사회에 적응하기 위한 배움이 재사회화다. 탈사회화는 전혀 다른 사회에 적응하기 위해 사회화되었던 것들을 버리는 과정이다. 탈사회화를 한 뒤에는 새로운 사회에 적응하기 위해 재사회화를 해 나가야 한다.

4단계 : 개념어 연결하기

개념어와 개념어가 어떤 식으로 연결되어 있는지 설명한다. '그림으로 읽는 개념어'를 확인하면서 익히면 더욱 좋다. 연결해서 기억하면 이해가 잘될 뿐 아니라, 기억하기도 쉽다.

사회집단 - 1차 집단 - 2차 집단

사회집단　사람과 사람끼리 서로 관계를 맺고 영향을 주고받는 모임.

1차 집단　가족, 또래집단처럼 혈연과 지연에 따라 얼굴과 얼굴을 맞대고 친밀하게 지내며 개인의 성격과 취향에 큰 영향을 끼치는 사회집단.

2차 집단　1차 집단과 견주는 개념으로 혈연, 지연이 아니라 사회적 이해관계나 필요에 따라 맺는 사회집단. 기업, 정당, 조합, 사회관계 등으로 근대화 이후 그 영향력이 강력해졌다.

차례

사회·문화편 102

연계과목 _ 사회, 도덕, 기술·가정, 국어

정치편 67

연계과목 _ 사회, 도덕, 역사

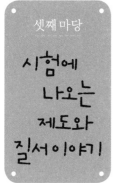

사회·문화편 102

연계 과목 _ 사회, 도덕, 기술·가정, 국어

공부의 배경지식을 키워라!

도시화 · 도심 ··· 확대가족

이야기 속
개념어

나는 네온사인이 화려한 **도심**을 내려다보았다. 1960
년대부터 시작된 거대한 도시화의 물결 때문인지 화려했다. "왜 우리 동네 입
구에서만 멈춘 거냐고." 투덜거리면서 손에 들었던 음료수캔을 집어던졌다. 그
리고 **인구피라미드**처럼 생긴 동네 중턱에 자리한 우리 집 쪽을 바라보았다.
학원을 마치고 터덜터덜 집 쪽을 향하지만 가족이 너무 많아 내 공간은 없고,
왁자지껄한 집에 들어가기 싫었다. 고3 누나는 독서실에 있고, 작은고모는 회
사에 있겠지만 나머지 가족은 모두 집에 계실 시간이다. 다른 친구들은 거의
다 **핵가족**인데, 우리 집은 할머니와 아직 결혼하지 않은 삼촌과 작은고모까
지 같이 사는 **확대가족**이다.

그림으로 읽는 개념어

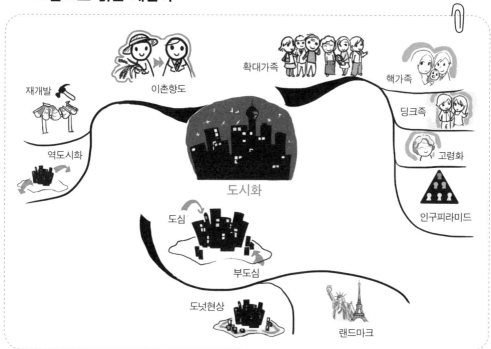

개념어 사전

도시화 – 이촌향도 – 재개발 – 역도시화

도시화 인구가 도시로 집중되어 사회 전체적으로 도시에 사는 사람이 많아지고, 도시 생활방식이 일반적으로 자리 잡는 현상. 우리나라도 도시에 사는 인구가 80% 이상을 차지할 만큼 도시화가 진행되었다.

이촌향도 농촌을 떠나 도시로 옮겨가는 것. 1960년대 말부터 본격화한 경제개발로 인해 수많은 농촌 인구가 농촌을 떠나 도시로 옮겨왔다. 이촌향도로 인해 농촌 인구는 급격히 줄고 도시 인구는 급격히 증가했다.

재개발 주거하기에 좋지 않은 환경을 새롭게 고치는 사업. 과거에는 낡은 주택을 헐고 아파트와 같은 현대식 건물을 짓는 방식이 주를 이루었으나, 최근에는 전통적인 주택 형태와 문화를 보존하면서 생활환경을 개선하는 방식으로 점차 바뀌는 추세다.

역도시화 도시에 살던 사람들이 농촌으로 옮겨가 도시화가 줄어드는 현상. 요즘은 도시에서 벌이는 치열한 경쟁, 열악한 환경과 복잡함에 지친 사람들이 점차 농촌으로 옮겨가는 역도시화 현상이 늘고 있다.

개념어 연결하기 도시화는 이촌향도 현상에 따른 결과다. 과거에 농촌에서 옮겨온 사람들이 살던 동네는 낙후된 곳이 많아 나중에 재개발이 많이 되었다. 도시 인구가 늘어나고 환경이 삭막해지면서 요즘에는 오히려 도시에서 농촌으로 이동하는 역도시화 현상이 빚어지고 있다. 이로 인해 귀농-귀촌을 하는 인구가 상당히 증가하고 있다.

도심 - 부도심 - 도넛현상 - 랜드마크

도심 대도시에서 가장 중심을 차지하는 지역. 관공서, 중심상가, 대기업, 은행 등 도시에서 가장 중요한 시설들이 밀집된 지역을 말한다. 서울의 경우 명동이 대표적이다.

부도심 대도시 주변에 형성되어 있어 도심의 기능 일부를 담당하는 지역. 도심의 교통이 복잡하고 인구가 많아 부도심을 통해 교통을 분산시키고 도심의 기능을 대신 할 수 있도록 하고 있다. 서울의 경우 잠실이나 청량리를 예로 들 수 있다.

도넛현상 도심 지역의 부동산 가격이 높아지고, 공해와 인구 밀집으로 살기가 힘들어지자 상대적으로 부동산 가격이 낮고, 환경오염이 덜한 도시 주변으로 주택 지역이 옮겨가는 현상. 도심의 중심에는 공공기관이나 상업 시설만 남아 낮에는 도심이 활발하게 움직이지만, 밤이 되면 사람들이 주거 지역으로 빠져나가 도심이 텅 비는 공동화현상(空洞化現象)이 나타난다.

랜드마크 도시를 대표하는 특별한 시설이나 건물. 보통 크고 웅장한 건축물을 말하지만 꼭 그런 것만은 아니다. 어떤 도시하면 딱 떠오르는 이미지를 갖춘 시설이나 건물을 랜드마크라고 한다. 랜드마크의 예로는 파리의 에펠탑, 뉴욕의 자유의 여신상, 서울의 숭례문, 베이징의 천안문 광장 등이 있다.

개념어 연결하기

도심은 도시에서 가장 중심부고, 부도심은 도심 바깥에서 도시 기능을 일부 담당한다. 도심과 부도심은 도시 기능을 서로 나눠 맡는다. 랜드마크는 보통 도심에 자리하면서 그 도시를 상징하는 역할을 한다. 인간다운 삶을 원하는 사람들은 도심보다는 도시 외곽에 살기를 원하게 되었고, 이로 인해 도넛현상이 나타나게 되었다.

확대가족 – 핵가족 – 딩크족 – 고령화 – 인구피라미드

확대가족 3세대(할아버지·할머니·아버지·어머니·자녀) 또는 그 이상의 세대가 함께 생활하는 가족. 전통사회에선 확대가족이 일반적인 형태였으나 현대사회에서는 핵가족이 중심이 되었으며, 최근에는 부부 또는 1인 가구도 급격하게 증가하였다.

핵가족 부부와 미혼 자녀만으로 이루어진 가족.

딩크족 Double Income No Kids를 줄인 말(DINK)로, 정상적인 부부관계는 유

지하지만 일부러 자녀를 두지 않는 맞벌이 부부. 자식을 통해서 만족을 얻기보다 스스로의 삶에서 만족을 얻으려는 경향이 강하며, 자식이 자기 삶에 방해가 된다고 여긴다.

고령화 전체 인구 중에서 노인의 비율이 높아지는 경향. 인구 중에 65세 이상이 7%를 넘으면 고령화사회, 14%를 넘으면 고령사회, 20%를 넘으면 초고령사회라고 한다.

인구피라미드 연령과 성별에 따른 인구 분포를 나타낸 그림. 새롭게 태어난 인구가 아래쪽을 차지하며, 노인들이 위쪽을 차지하는데 한 사회의 인구 구성이 어떤지 보여준다. 보통 피라미드 형태로 나타나기 때문에 인구피라미드라고 부르는데, 우리나라는 저출산과 고령화로 인해 피라미드 모양이 아니라 중간이 둥글고 노년층이 많은 항아리 모양으로 변화되고 있다.

개념어 연결하기

확대가족은 많은 식구들이 함께하는 가족이지만 핵가족은 철저히 부부와 미혼인 자녀가 중심이다. 예전에는 확대가족이 많았으나 지금은 핵가족, 2인 가족, 1인 가족이 대다수다. 딩크족은 핵가족의 하나로 자신들의 삶을 위해 아이를 낳지 않는 맞벌이 부부다. 우리나라는 핵가족, 딩크족으로 인해 출산율이 줄어들고, 고령화가 진행되면서 인구피라미드 모양이 항아리 형태로 바뀌고 있다.

사회화 · 사회집단 · 내집단 ··· 생애주기

내가 보기에 삼촌은 아무리 봐도 **사회화**가 덜 되었다. **생애주기**로만 따지면 벌써 장년기에 들어섰는데도 자신이 속한 **사회집단**이 아니라 엉뚱한 집단을 **준거집단**으로 삼는다. 그래서 그런지 삼촌이 속한 **내집단** 중에서도 **1차 집단**인 우리 가족, 특히 작은고모와 사이가 좋지 않다. 작은고모는 지극히 현실적이고 **성취지위**를 중요하게 여기기 때문에 그런지 몽상가인 삼촌을 **주변인** 취급하는 경우가 많다.

그림으로 읽는 개념어

사회집단

1차 집단

탈사회화

재사회화

내집단

외집단

사회화

생애주기

과도기

2차 집단

준거집단

역할갈등

귀속지위

성취지위

주변인

개념어 사전

사회화 – 재사회화 – 탈사회화

사회화　한 사람이 자신이 사는 사회에서 살아가기 위해 필요한 문화, 가치, 규범 등을 배워나가는 과정. 사회화가 잘 되어야 한 사람의 성인으로 사회에서 제대로 살아간다.

재사회화　성인이 된 뒤에 빠르게 변하는 사회 환경에 적응하기 위해 새로운 가치관, 생활방식 등을 배우는 과정. 세상이 워낙 빠르게 변하기 때문에 이를 따라가려면 현대인들은 평생 학습하고 배워야 한다.

탈사회화 새로운 사회에 적응하기 위해 이미 익힌 것들을 버리는 과정. 이민을 가거나 전혀 새로운 집단에 속하게 되면 과거에 몸담았던 나라나 집단에서 익숙했던 것들은 버리고 새롭게 배워야 한다.

어릴 때 사회에 적응하기 위한 배움이 **사회화**라면, 어른이 되어 변화하는 사회에 적응하기 위한 배움이 **재사회화**다. **탈사회화**는 전혀 다른 사회에 적응하기 위해 사회화되었던 것들을 버리는 과정이다. 탈사회화를 한 뒤에는 새로운 사회에 적응하기 위해 재사회화를 해 나가야 한다.

사회집단 – 1차 집단 – 2차 집단

사회집단 사람과 사람끼리 서로 관계를 맺고 영향을 주고받는 모임.

1차 집단 가족, 또래집단처럼 혈연과 지연에 따라 얼굴과 얼굴을 맞대고 친밀하게 지내며 개인의 성격과 취향에 큰 영향을 끼치는 사회집단.

2차 집단 1차 집단과 견주는 개념으로 혈연, 지연이 아니라 사회적 이해관계나 필요에 따라 맺는 사회집단. 기업, 정당, 조합, 사회관계 등으로 근대화 이후 그 영향력이 강력해졌다.

사람은 사회적인 존재이므로 당연히 **사회집단**을 이룬다. 사회집단 중에 **1차 집단**은 나와 친밀한 관계지만, **2차 집단**은 이익을 중심으로 맺어지기 때문에 1차 집단에 비해서는 친밀감이 떨어진다.

내집단 – 외집단 – 준거집단 – 역할갈등 – 주변인

내집단 서로 비슷하다고 느끼는 집단. '우리'라는 개념에 포함되는 사람들을 가리킨다. 내집단끼리는 강한 결속력을 발휘하지만, 다른 집단에 대해서는 배타성을 보이기도 한다.

외집단 우리와 전혀 다른 집단으로 완전 소외시키거나 공격하는 대상이 되는 집단. 우리가 아니면 적이라는 생각은 강한 공격성으로 나타난다.

준거집단 자기 행동과 가치를 판단할 때 기준으로 삼는 집단. 자신이 속한 집단인 경우도 있지만, 자신이 속한 집단과 완전히 다른 경우도 있다. 겉으로 속한 집단보다 준거집단이 개인의 생각과 행동에 강력한 영향을 끼친다.

역할갈등 지위에 따라 요구받는 역할이 서로 달라 일어나는 갈등. 예를 들어 결혼 후에도 직장생활을 지속하는 여성은 집에서는 아내와 엄마다운 역할을 요구받고, 밖에서는 직장인다운 역할을 요구받는다. 그런데 가정에서 요구하는 역할과 직장에서 요구하는 역할이 충돌할 경우가 많다. 이럴 때 역할갈등이 생긴다.

주변인 다양한 사회집단이나 문화에 적응하지 못해서, 어디에도 소속되지 못한 채 어정쩡한 경계에 머무는 사람. 소속감도 못 느끼고 문화정체성도 제대로 형성되지 않아 방황하고 갈등한다.

개념어
연결하기

내집단은 친밀하지만 외집단은 낯설다. 내집단은 우리 안에, 외집단은 우리 바깥에 존재한다. 준거집단은 내집단과 비슷하지만 겉이 아니라 마음에 영향을 많이 주는 집단이라는 점을 강조한 개념이다. 여러 사회집단에 속하다 보면 역할갈등이 생기기도 하는데, 역할갈등을 잘 해결하지 못하면 그 집단에서 주변인에 머무르게 된다. 준거집단과 실제 소속된 집단이 다를 경우도 주변인에 머무는 경우가 많다.

생애주기 – 과도기 – 귀속지위 – 성취지위

생애주기 한 사람의 일생을 일정한 기간으로 나눈 것. 보통 유아기, 아동기, 사춘기, 청년기, 장년기, 노년기로 나눈다.

과도기 낡은 상태에서는 벗어났으나 아직 새로운 상태가 자리 잡지 못해 혼란스러운 시기. 흔히 아이도 어른도 아닌 청소년기를 과도기라고 부른다.

귀속지위 태어나면서부터 자연스럽게 속하게 되는 사회적 지위. 가족, 친척은 내 뜻과 상관없이 주어진다. 조선시대와 같은 계급사회에서는 직업마저 귀속지위였다.

성취지위 태어날 때부터 갖는 것이 아니라 자기 능력이나 재능으로 얻는 사회적 지위.

개념어 연결하기

일생을 생애주기로 구분하는데 특정한 시기에서 다른 시기로 넘어갈 때 과도기가 생기기 마련이다. 생애주기 중 유아기와 아동기에는 귀속지위가 강한 영향을 끼치고, 청년기와 장년기가 될수록 성취지위가 큰 영향을 끼친다. 귀속지위는 성취감이 없지만 성취지위는 성취감이 크다.

섹슈얼리티 · 유리천장 · 양성성 ··· 알파걸

이야기 속 개념어

작은고모는 자칭 **페미니즘**을 신봉하는 페미니스트다. 여자들의 출세를 가로막는 **유리천장**을 뚫고 높은 지위에 올랐다. 그런데 출세한 작은고모가 이 복닥거리는 집에 머무르는 이유는 뭘까? 고모는 항상 "나는 사회가 요구하는 **성 역할**이 싫어. 내 **섹슈얼리티**는 내가 만들어." 하고 이유를 설명했지만, 내가 이해하기에는 너무 어려운 말이었다. 안 계시는 듯한 착각이 들 정도로 조용한 할머니지만, 여전히 **가부장제**(남성 중심주의)가 심하고 **남존여비** 사상이 남아있어 고모와 부딪칠 때가 많다. 그래도 고모는 이 집이 편한가 보다. 아마도 외로워서 그런가보다. 아직 애인도 없으니까.

그림으로 읽는 개념어

헬리콥터맘

알파걸 BOSS

2차 성징

성 역할

성 정체성

스토킹

우송

양성성

섹슈얼리티

호주제

페미니즘

유리천장

남존여비

젠더

가부장제

개념어 사전

섹슈얼리티 – 젠더Gender – 페미니즘

섹슈얼리티   동물로서 성(性)뿐만 아니라 사회가 남성과 여성에게 요구하는 성 역할, 성욕, 성 행위, 성적 주체와 대상 등 넓은 의미에서 자신의 성(性) 역할과 정체성 등을 가리킬 때 사용하는 용어.

젠더(Gender)   섹스(Sex)가 생물학적인 성(性)을 가리킨다면, 젠더는 사회적인 성(性)을 가리킨다. 성과 관련된 인간의 문화와 성 역할은 태어나면서 결정되지 않고 사회생활 속에서 만들어진다. 남녀의 성기를 제외하면 성 역할과 성 정체성은 모두 사회적으로 형성된다.

페미니즘 여성이 겪는 사회적인 억압의 근본 원인이 가부장제이므로 이로 인해 발생한 문제점들을 극복하고, 여성이 주체적이고 평등하게 살아가는 세상을 만들어야 한다는 이념.

개념어 연결하기

섹슈얼리티는 동물적인 성(性)과 사회적인 성(性), 개인적인 성(性)을 통합하여 부르는 개념이다. 젠더는 섹슈얼리티 중에서 사회적인 성(性)을 강조한 개념이다. 요즘은 생물학적인 성(性)보다는 젠더를 더 중요하게 여긴다. 섹슈얼리티나 젠더라는 개념은 여성주의 운동인 페미니즘에서 유래하였다.

유리천장 - 가부장제 - 남존여비 - 호주제

유리천장 여성이 사회적으로 높은 지위에 오르지 못하도록 막는 보이지 않는 각종 장벽을 일컫는 말.

가부장제 가족 구성원 중에서 가장 높은 사람이 강력한 힘으로 가족을 지배하고 이끄는 가족 형태. 고대 로마에서는 가부장이 아이들을 죽이고 내다 팔 정도로 막강한 영향력을 행사했으며, 중국에서는 가부장제가 국가 전체로 확대되어 군주가 나라의 최고 가부장이었다. 우리나라도 성리학의 영향을 받아 가부장제가 강했다. 많이 줄어들기는 했지만 아직도 가부장제에 따른 남성 중심주의가 사회 곳곳에 널리 퍼져 있다.

남존여비 남자는 귀한 사람이고 여자는 천한 사람이라고 여기는 사고방식. 가부장제가 지배하던 시대에는 남존여비가 심했다. 요즘은 남녀평등 의식이 많이 강해졌지만, 남성이 여성보다 사회적으로 우월한 위치를 차지하는 경향은 여전하다.

교과서 어휘력이 밥이다

| 호주제 | 가장인 호주를 중심으로 가족을 구성하는 제도. 예전에는 호주를 중심으로 가족구성원의 출생, 혼인, 사망 등을 기록했다. 평등한 가정에 맞지 않고, 우리나라의 전통이 아니라 일본에서 전해진 제도였기에 2008년에 폐지되었다. 지금은 개개인의 호적에 자신의 출생, 혼인, 사망 기록을 남긴다. |

개념어 연결하기

많이 엷어지긴 했지만 우리 사회에는 여성이 높은 지위에 오르는 것을 가로막는 보이지 않는 유리천장이 여전히 존재한다. 유리천장은 가부장제 문화에서 비롯하였는데 가부장제는 남존여비 사상을 밑바탕으로 한다. 지금은 사라진 호주제는 남존여비, 가부장제를 상징하는 제도였다.

양성성 – 2차 성징 – 성 정체성 – 성 역할

양성성	남성다움과 여성다움을 골고루 갖춤. 현대사회는 남성적 특성과 여성적 특성을 골고루 갖춰야 할 필요성이 점점 높아지고 있다.
2차 성징	성기가 발달하면서 남자는 남성의 특성이, 여자는 여성의 특성이 강하게 나타나는 현상. 남성은 골격과 근육이 발달하고, 턱과 겨드랑이, 사타구니에 털이 생기면서 변성기가 온다. 여성은 가슴이 발달하고 골반이 커지고 한 달에 한 번 월경을 시작한다.
성 정체성	자신을 남성이나 여성으로 여기는 느낌. 보통 생물학적인 남성은 자신을 남성으로, 생물학적인 여성은 자신을 여성으로 느낀다. 그러나 남성으로 태어났으나 자신을 여성으로 느끼기도 하고, 여성으로 태어났으나 자신을 남성으로 느끼는 경우도 있다. 최근에는 동성애 커플을 부부로 인정하는 나라가 늘면서 개인의 성 정체성을 인정하는 추세다.

성 역할　　남자다움, 여자다움처럼 사회에서 남자와 여자의 성에 따라 요구하는 역할. 과거 사회에서는 성 역할을 정확히 구분하였으나, 오늘날에는 갈수록 성 역할 구분이 희미해지고 있다.

개념어 연결하기

어릴 때는 남자, 여자와 관계없이 양성성이 존재한다. 그러다 2차 성징이 일어나면 남자는 남성성이, 여자는 여성성이 강해진다. 이때 겉모습과 일치하는 성 정체성을 느끼는 사람이 대부분이지만, 겉과 내면의 성 정체성이 불일치하는 사람도 있다. 성 정체성이 확립된 뒤에도 남녀 모두에게 양성성은 존재한다. 2차 성징 뒤에는 사회가 요구하는 성 역할이 강조되는데, 오늘날에는 성 역할 구분이 점점 희미해진다.

알파걸 – 헬리콥터맘 – 스토킹

알파걸　　사회에서 아주 뛰어난 능력을 발휘해 높은 지위에 오른 여성. 그리스 알파벳 첫 글자인 알파(α)와 걸(Girl)을 결합한 말이다.

헬리콥터맘　　헬리콥터처럼 자녀 주변에 계속 머물며 자녀를 도와주고, 간섭하는 엄마. 자녀가 독립적으로 세상을 살아갈 힘을 빼앗는다. 요즘은 대학뿐 아니라 직장생활까지 간섭하는 헬리콥터맘이 많다고 한다.

스토킹　　상대가 거부함에도 무조건 따라다니며 정신적, 신체적 피해를 주는 범죄 행위. 흔히 본인은 사랑이라고 착각하지만 스토킹은 사랑이 아니라 심각한 범죄 행위다.

개념어 연결하기

알파걸은 사회적 성공을 거둔 여성이며, 사회적 성취를 이루지 못한 여성이 자녀를 통해 대리만족을 하려고 할 때 헬리콥터맘이 되는 경우가 많다. 헬리콥터맘 밑에는 마마보이, 마마걸이 많다. 스토킹은 타인에게 집착하는 마음에서 비롯한 범죄인데, 자녀에게 집착하는 헬리콥터맘의 심리와 비슷한 면이 있다.

다원주의 · 사대주의 ··· 자문화중심주의

이야기 속
개념어

우리 아랫집에는 **이주노동자** 부부가 산다. 엄마는 **자문화중심주의**가 강하셔서 이주노동자를 꺼려하시지만, 아빠는 **다원주의**가 옳다고 믿는 분으로 굉장히 개방적이시다. 나도 아빠에게 전적으로 동감한다. 담임선생님께서 언젠가 그런 말씀을 하신 적이 있다. "우리나라에서 외국인 노동자는 **사회적 약자**다. 외국인이 **귀화**도 많이 하고 서로 자유롭게 오가는 시대에 외국인 노동자를 깔보는 태도는 옳지 않다. 우리가 **사대주의** 문화에 젖어서 백인들은 우러러보고 동남아 등에서 온 외국인 노동자는 무시하는 것은 아닌지 반성해야 한다고 본다."

그림으로 읽는 개념어

개념어 사전

다원주의 – 다문화주의 – 문화상대주의 – 사회적 약자

다원주의 하나의 생각이나 세력이 중심이 되기보다 다양한 생각이 함께 어우러지고, 다양한 세력이 정치적 영향력을 행사하는 사회가 건강하고 올바르다는 사고. 민주주의는 다원주의에 기초를 둔다.

다문화주의 모자이크처럼 다양한 문화가 서로 어우러지고 존중하며 함께 사는 사회를 지향해야 한다는 사고. 우리나라도 외국인들이 많이 들어오면서 다양한 문화가 어우러지는 사회로 변하고 있다. 그렇기 때문에 우리 문화만 고집하지 말고 다양한 문화를 인정하고 존중하는 자세가 필요하다.

문화상대주의　문화에는 높고 낮음이 없고, 단지 다를 뿐이라고 여기는 생각. 다문화주의와 같은 의미다. 문화사대주의나 문화제국주의는 옳지 않다. 다양한 문화가 공존해야 한다.

사회적 약자　사회에서 지위나 부, 권력 등이 약해 소외당하고 천대받는 사람들. 여성, 장애인, 동성애자, 외국인 노동자, 실업자, 비정규직 등이 여기에 속한다.

다원주의多元主義에서 '원元'은 '으뜸'이란 뜻으로, 다원주의란 하나만 으뜸이 아니라 으뜸이 여럿이란 의미다. 다문화주의와 문화상대주의는 같은 의미로 다원주의를 뿌리로 하는데, 모든 문화가 으뜸이므로 서로 존중해야 한다는 생각이다. 다문화주의, 문화상대주의는 상대방을 존중하므로 사회적 약자를 배려한다.

사대주의 – 문화사대주의 – 문화제국주의 – 전체주의

사대주의　큰 나라를 섬기려는 사고방식. 과거 우리나라 지배층들은 신라시대에는 당나라, 고려시대에는 송나라와 원나라, 조선시대에는 명나라와 청나라를 섬기고 따르려고 했다. 사대주의는 스스로 살아갈 힘을 빼앗고, 큰 나라의 뜻대로 자국(自國)의 운명이 결정되는 비극을 불러온다. 우리나라가 일본의 식민지가 된 것은 일본의 침략이 주된 원인이지만 사대주의에 빠져 큰 나라에 기대려는 지배층들의 잘못된 선택이 빚은 결과이기도 하다.

문화사대주의　다른 문화가 자기 문화보다 훨씬 뛰어나다고 여기는 태도. 자기 문화를 업신여기고 무조건 다른 나라 문화를 따르려고 한다. 조선시대 성리학자들 중에는 중국 문화사대주의에 젖은 이들이 많았고, 요즘은 미국 문화사대주의에 빠진 이들이 많다.

문화제국주의   경제력이 강한 나라가 경제력이 약한 나라의 문화 영역까지도 지배하려는 경향. 미국과 유럽이 세계를 지배하면서 그들의 문화가 세계를 지배하게 되었다. 문화제국주의로 인해 다양했던 미(美)의 기준이 서양 여자들처럼 키 크고, 날씬하고, 하얀 피부에 코가 오똑한 여자로 획일화되었다. 생활방식이나 사고방식도 모두 서양식으로 변모했다.

전체주의   개인보다 사회와 국가가 훨씬 중요하다고 보고, 집단을 위해 개인이 희생해야 한다고 보는 사상. 전체주의는 히틀러의 나치즘, 일본의 군국주의, 스탈린식 사회주의 독재국가 등에서 나타났다. 다양한 생각을 인정하지 않는 태도로 민주주의, 다원주의와 반대다.

개념어 연결하기

사대주의는 큰 나라를 섬기려는 모든 태도를 말하며, 문화사대주의는 사대주의의 한 부분이다. 문화사대주의는 문화제국주의와 짝을 이루는데 강대국은 문화제국주의를, 약소국은 문화사대주의를 보인다. 사대주의, 문화제국주의, 문화사대주의는 모두 다원주의에 반하는 생각으로 획일적인 사고방식을 강요하는 전체주의와 맞닿아 있다.

자문화중심주의 – 열린사회 – 코시안 – 귀화 – 이주노동자

자문화중심주의   자기 나라의 문화 수준은 높고, 남의 나라의 문화 수준은 낮다고 여기는 태도. 우리 문화를 자랑스러워 하는 마음은 좋지만, 우리 문화와 남의 문화를 견주어 남의 문화를 얕보는 태도는 자문화중심주의로 옳지 않다.

열린사회 비판이 자유롭고 모든 가능성과 생각이 자유롭게 오가는 사회. 그 어떤 사고나 지위를 가리지 않고 자유롭게 비판하며, 서로 의견 교환이 가능한 민주주의 사회를 가리킨다. 겉으로는 민주주의를 내세운다 해도 비판하는 자유, 다양한 의견이 자유롭게 오가지 못한다면 닫힌 사회로 제대로 된 민주주의 국가가 아니다.

코시안 한국인과 아시아 이주노동자 사이에서 태어난 자녀. 농촌에 아시아 여성들이 많이 시집오면서 다문화 가정이 많이 생겨났는데, 여기서 코시안 자녀가 태어났다. 코시안은 우리나라가 다문화사회로 변화되어 가는 과정을 보여주는 대표적인 증거다.

귀화 원래 주어진 국적을 버리고 자신이 선택한 나라의 국민이 되는 것.

이주노동자 일자리를 찾아 자기 삶의 터전을 옮겨 다니는 노동자. 일자리를 찾아 우리나라에 온 외국인 노동자도 이주노동자이며, 일자리를 찾아 외국에 간 우리나라 사람들도 이주노동자다. 이주노동자는 세계적으로 크게 늘어나는 추세며, 이주노동자와 기존의 노동자 사이에 갈등이 생기기도 한다.

개념어 연결하기 자문화중심주의는 다른 문화를 얕보는 태도로 다원주의와 반대며, 열린사회는 다원주의 사회로 자문화중심주의와 반대되는 사회다. 이미 우리나라에는 코시안, 이주노동자, 귀화한 사람들이 점차 증가하고 있는데 자문화중심주의에 빠지면 사회 갈등이 심화될 수밖에 없다.

문화정체성 · 문화전파 ··· 미풍양속

이야기 속 개념어

큰고모 딸인 란지는 나와 동갑이다. 그런데 나와 다르게 자유롭게 산다. 아이돌 스타를 미친 듯이 쫓아 다니는 **팬덤**이며, 자신이 좋아하는 아이돌이 **한류**의 대세가 될 거라며 자랑하고 다니기도 한다. 그래서인지 입고 다니는 옷도 도저히 중학생이라 보기 어려울 정도다. 란지가 우리 집에 놀러올 때면 할머니는 항상 호통을 치신다. "바지를 입은 거냐, 안 입은 거냐? 요즘 애들은 도대체가 **미풍양속**이라는 걸 몰라." 그러나 란지는 아랑곳하지 않고 자신이 입고 싶은 옷을 자유롭게 입었다. 가끔은 란지의 자유로움이 부럽다. 란지 친구들도 란지와 비슷했다. 나와 란지는 같은 또래인데도 전혀 다른 **또래문화** 속에서 사는 것 같다.

그림으로 읽는 개념어

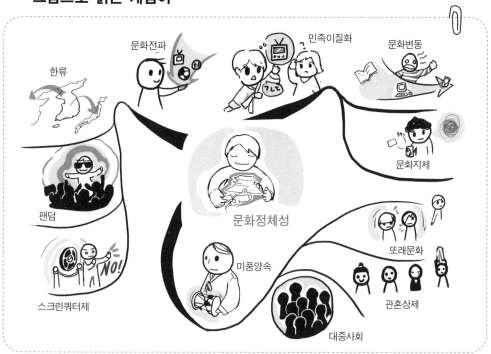

개념어 사전

문화정체성 – 민족이질화 – 문화변동 – 문화지체

문화정체성　　　스스로 자기 문화라고 여기는 믿음이나 관습. 문화정체성이 약해지면 정신적으로도 자아정체성이 약화되어 혼란에 빠진다. 사회적으로 문화정체성이 약해지면 민족의식이 약해지고, 공동체 의식이 약화된다. 세계에서 가장 행복한 국가로 알려진 부탄은 문화정체성을 유지하기 위해 공적인 자리에서는 무조건 민족의상을 입고, 민족의 전통을 살리는 건물만 짓도록 한다.

민족이질화   남과 북이 오랫동안 분단되어 오면서 언어, 경제, 사고방식 등이 크게 달라져 다른 민족처럼 되는 현상. 민족이질화는 통일을 방해하는 걸림돌이기도 하지만, 설령 통일이 된다고 해도 여러 가지 문제를 야기할 것이다. 민족이질화가 심해지면 남과 북이 전혀 다른 민족이 되는 비극이 일어날지도 모른다.

문화변동   문화가 바뀌는 현상. 사회 내부 원인 때문에 변하기도 하고, 문화가 전파되어 문화변동이 생기기도 한다. 과거에는 변동 속도가 느렸지만 요즘은 변동 속도가 지나치게 빨라 따라잡기 힘들 정도다.

문화지체   물질적인 문화는 기술 발전에 따라 빠르게 변하지만, 정신적인 문화는 그와 달리 빠르게 변하지 않아 서로 크게 차이가 나는 현상. 예를 들어 인터넷과 스마트폰 기술이 발전함에 따라 사회는 크게 바뀌었지만, 아직도 정신적인 문화는 그에 어울리지 못해 다양한 문제점이 생기는데, 이를 문화지체라 한다.

> **개념어 연결하기**
>
> 우리나라는 5천년을 이어온 문화정체성이 있는데 최근 남북이 다른 체제로 살면서 민족이질화가 심해졌다. 남북한 모두에서 문화변동이 크게 일어났기 때문이다. 남한의 경우 세계와 교류하는 과정에서 문화변동이 빠른 속도로 일어났는데, 물질문화는 빠르게 변하지만 정신문화가 따라가지 못하는 문화지체 현상이 심각하다.

문화전파 - 한류 - 팬덤 - 스크린쿼터제

문화전파   한 사회에 있던 문화가 다른 사회로 전해져 그 나라 문화로 자리를 잡는 현상. 역사를 보면 문화전파는 다양하게 일어났다. 요즘은 교통과

통신이 발전하면서 문화전파가 과거와 견주기 어려울 정도로 빠르다.

한류   한국 문화가 해외에서 크게 인기를 얻는 현상. 케이팝(K-POP)이 대표적인 예다.

팬덤   스타를 쫓는 팬 집단. 자신들이 좋아하는 스타를 열광적으로 따르는데 가끔 다른 팬덤과 갈등을 일으키거나, 스타를 무조건 따라하면서 부정적인 사건이 벌어지기도 한다. 팬덤이 지닌 부정적인 면을 최소화한다면 건강한 대중문화를 만드는 힘이 되기도 한다.

스크린쿼터제   영화관에서 자기 나라의 영화를 일 년 중 어느 기준 일 수 이상 무조건 상영하도록 하는 제도. 외국 영화, 특히 미국 헐리우드 영화가 세계 영화 시장을 지배하는 상황에서 자국의 영화 산업을 보호하기 위해 시행하는 제도다. 영화에서 문화다양성을 확보하기 위한 제도다.

개념어 연결하기

문화란 서로 영향을 주고받기 마련이라 문화전파는 당연한 현상이다. 과거에는 서양의 문화를 일방적으로 받아들였지만, 최근에는 한류처럼 우리나라 문화가 서양을 비롯한 세계 각지로 뻗어나가기도 한다. 한류 스타를 좋아하는 팬덤은 이미 세계적인 규모다. 한류가 우리 문화를 세계에 전파하는 현상이라면, 스크린쿼터제는 외래문화로부터 우리 문화를 지키기 위한 제도 중 하나다.

미풍양속 – 관혼상제 – 대중사회 – 또래문화

미풍양속   아름답고 좋은 풍속. 많은 사람들이 미풍양속을 따르는 사회가 건강한 사회다. 그러나 미풍양속을 억지로 강요하면 사회가 획일화되고 개인의 권리가 억압당한다.

관혼상제   사람이 살아가면서 가장 중요한 네 가지 행사로 성인식, 결혼식, 장례식, 제사를 가리킨다.

대중사회　대중이 정치, 경제, 사회, 문화 등 모든 분야에서 중심이 되는 사회. 중
세까지는 귀족이 사회를 지배했고, 근대에는 소수의 돈 많은 시민들이
귀족과 더불어 사회를 이끌었다. 그러나 20세기 초반부터 대량생산과
대량소비가 가능해지면서 대중이 사회 전면에 나서게 되었다.

또래문화　비슷한 또래집단끼리 서로 즐기고 유행하는 문화.

전통사회에서는 미풍양속을 강조했고, 관혼상제가 문화의 핵심을 차지했다. 그런데 대
중사회가 되면서 문화는 미풍양속이나 관혼상제라는 그릇으로는 담기 불가능할 정도
로 다양해졌는데, 청소년들은 또래문화를 형성하면서 그들만의 문화를 만들고 즐긴다.

공동체 · 방관자효과 ··· 노블레스 오블리주

이야기 속
개념어

우리 가족은 식구가 많아서인지 **공동체**라는 말을 입에 달고 산다. 그러나 사춘기를 겪는 내가 힘들어해도 누구 한 명 신경을 쓰지 않는다. 사람들이 많아서 생기는 전형적인 **방관자효과**다.

요즘은 **지구촌**이니, **세계시민의식**이니 하며 지구촌 구석구석에서 고통받는 사람에게도 관심을 기울이라고 하지만, 우리 가족은 가까운 사이인데도 서로 챙기지 못할 때가 많다. 고3인 누나와 몽상가인 삼촌에게 신경쓰느라 가족 중 어느 누구도 내게는 관심이 없다. 솔직히 내게 관심이 없어서 편하긴 하지만 가끔은 외로울 때도 있다.

그림으로 읽는 개념어

두레
공동선
방관자효과
약육강식
품앗이
공동체
남북문제
협동조합
노블레스 오블리주
지구촌
기아
글로컬
기근
세계시민의식

개념어 사전

공동체 - 공동선善 - 두레 - 품앗이 - 협동조합

공동체　사람들이 서로 끈끈한 관계 속에서 공통 가치를 지향하며 사는 사회
집단. 단순한 사회집단보다 결속력이 강하고, 서로를 위하면서 높은 가
치를 추구한다.

공동선　공동체를 위한 착한 일. 공동선(善)은 함께 사는 사회에서 당연히 추구
해야 할 의무다. 그러나 공동선을 이유로 개인의 자유와 권리를 함부

로 침해하면 안 된다.

두레   농사를 지을 때 일손이 필요한 경우 서로 도와가며 농사를 짓던 우리
나라 전통의 농촌 조직. 오늘날로 따지면 협동조합과 비슷하다.

품앗이   농촌에서 서로 노동력을 교환하여 돕는 행위. 서로 돕고 어려움을 같
이 하는 상부상조 정신이 잘 살아 있는 우리나라의 전통 문화다.

협동조합   여러 사람들이 뜻을 모아 경제활동을 함으로써 조합원의 이익을 보장
하고 사회에 도움이 되는 사회조직. 2012년에 우리나라도 협동조합기
본법이 국회를 통과했다. 그래서 지금은 5인 이상이 모이면 협동조합
을 결성해 다양한 경제활동을 벌일 수 있다.

개념어 연결하기

공동체는 공동선善을 지향한다. 두레와 품앗이는 공동체 정신으로 공동선을 실천했던
우리나라 전통의 조직이다. 협동조합은 두레와 품앗이의 전통을 이어받아 오늘날 공동
체 정신을 실천하고자 하는 사회조직이다.

방관자효과 – 약육강식 – 남북문제 – 기아 – 기근

방관자효과   주위에 구경하는 사람이 많을수록 어려움에 처한 사람을 돕지
않는 현상. 구경꾼 현상이라고도 한다. 일반적으로 주위에 사람이 많으
면 책임감이 줄어들어 '내가 안 해도 되겠지' 하는 심리 때문에 방관자
효과가 생긴다고 한다.

약육강식   약한 동물의 고기는 강한 동물이 먹는다는 뜻으로, 강한 자가 약한 자
를 짓밟고 번영하는 사회 현상. 사회적 약자를 보호하지 않으면 사회
는 약육강식이 지배하는 비극이 벌어진다.

남북문제 선진국과 후진국의 경제력이 격차가 심하게 나서 생기는 문제. 선진국
은 주로 북반구에 위치하고, 후진국은 주로 남반구에 위치해서 남북문
제라고 부른다. 나라 안에서도 부자와 가난한 사람의 차이가 너무 나
면 갈등이 심화되듯이, 나라와 나라 사이에도 빈부의 격차가 크면 갈
등이 심해진다.

기아 굶주림. 먹을 것이 부족해 배를 곯는 것을 말한다.

기근 흉년, 재난, 전쟁 등으로 많은 사람들이 굶주리는 상황.

**개념어
연결하기** 방관자효과는 공동체, 공동선과 반대다. 누군가는 돕겠거니 하면서 어려움에 처한 사
람을 돕지 않는 방관자효과로 인해 **약육강식**의 사회가 나타난다. 강대국이 약소국을
지배했던 식민지 지배의 결과로 **남북문제**가 생겼고, 남북문제에서 가장 심각한 사태가
기아와 기근이다. 기아와 기근은 약육강식이 지배하는 세계의 현실을 잘 보여준다. 기
아와 기근에 시달리는 사람들에 대한 무관심은 방관자효과 때문이기도 하다.

노블레스 오블리주 - 지구촌 - 글로컬 - 세계시민의식

노블레스 오블리주 사회 지도층 사람이 갖춰야 할 높은 수준의 도덕적 의
무. 사회적 지위가 높을수록 혜택을 많이 누리기 때문에 그에 따른 의
무도 높아야 한다. 초기 로마시대 귀족들은 높은 도덕의식과 솔선수범
으로 평민들의 모범이 되었고, 이로 인해 로마는 크게 번영했다. 건강
하게 빌진하는 나라는 높은 지위인 사람들이 솔선수범한다. 우리나라
에서는 고위직들이 비도덕적인 경우가 많은데 노블레스 오블리주 정
신을 배워야 한다.

지구촌   정보통신기술과 교통이 발달하면서 지구가 마치 한 마을처럼 가까워
짐을 의미한다.

글로컬(Glocal)   '글로벌(Global)'과 '로컬(Local)'의 합성어로, 지구 규모로 생각하되
지역에 뿌리박고 살아야 함을 강조하는 단어. 세계화 시대이기에 경제,
환경, 정치 등 모든 면에서 세계적 단위로 생각할 줄 아는 세계시민의
식을 지녀야 하며, 동시에 자신이 사는 지역의 특성과 문화를 지키면
서 지역에 뿌리박으며 살아야 한다.

세계시민의식   자신이 속한 좁은 집단이나 나라의 처지에서 세계를 보지 않고,
인류 전체의 관점에서 세계를 바라보는 자세. 환경파괴가 지구 차원에
서 진행되고, 민주주의가 지구 전체의 문제가 되는 요즘의 현실에서 세
계시민의식은 꼭 필요하다. 세계시민의식이 없이는 인류에게 닥친 문
제를 해결하지 못한다.

**개념어
연결하기**

노블레스 오블리주는 공동체를 이끄는 사회 지도층 사람들에게 꼭 필요하다. 오늘날의
사회는 인류 전체가 운명 공동체인 **지구촌**이므로, **글로컬**을 삶의 원칙으로 삼고 **세계
시민의식**을 지니고 살아야 한다. 이제 지구촌 단위에서 노블레스 오블리주를 실천하는
세계시민의식이 필요하다.

연고주의 · 이익집단 ··· 군가산점

이야기 속
개념어

아빠는 **연고주의**를 싫어하신다. 당신이 실력은 있지만 **학연**과 **지연**이 없어 제대로 성공하지 못했다고 믿으시기 때문이다. 그래서인지 아빠는 **이익집단**을 만들어 이익을 보려하는 것을 극도로 싫어하신다. "**님비**도 나쁘고 **핌비**도 나빠. 필요하면 적절한 곳에 정하면 되잖아. 군대 갔다 왔다고 취직할 때 **군가산점** 달라고 하는 사람들도 옳지 않아. 자기 실력대로 평가받는 게 옳지." 나는 이렇게 말씀하시는 아빠를 보며 안심했다. 최소한 나에게 **학벌**을 따지면서 좋은 대학에 가라고 구박하지는 않으실 것 같기 때문이다. 반면, 누나한테 하는 걸 보면 내가 고등학생이 되면 엄마가 나를 얼마나 구박할지 정말 걱정스럽다.

그림으로 읽는 개념어

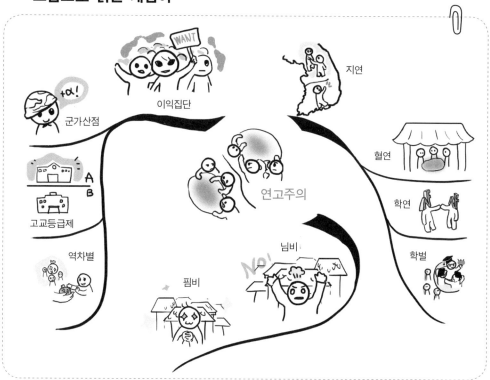

개념어 사전

연고주의 – 혈연 – 지연 – 학연 – 학벌

연고주의 친밀한 관계를 중심으로 똘똘 뭉쳐서 서로의 이익을 챙기고 권력을 누리지만, 인연이 먼 사람들은 아주 멀리하는 태도. 자신과 어떤 식으로든 연관이 있는 사람들끼리만 이익을 나누기 때문에 사회에 나쁜 영향을 끼친다.

혈연 같은 핏줄로 맺은 인간관계.

지연 같은 지역 출신으로 맺은 인간관계.

학연 같은 학교 출신으로 맺은 인간관계.

학벌 사회에서 높은 지위를 차지하는 고위층들이 같은 학교 출신끼리 이익을 위해 뭉친 집단. 과거 조선시대 서원을 중심으로 당파를 형성했던 양반들처럼, 오늘날에는 같은 학교 출신끼리 뭉쳐 경제적 이익과 정치적 권력을 독차지한다. 소위 SKY라 부르는 대학 출신은 우리 사회의 대표적인 학벌인데, 교육경쟁이 심한 이유도 SKY 중심의 학벌이 한국 사회의 부와 권력을 독점하기 때문이다.

개념어
연결하기

연고주의가 작용하는 인간관계는 주로 **혈연, 지연, 학연**이다. 핏줄, 태어난 곳, 다니던 학교에서 맺은 인간관계를 바탕으로 서로 챙겨주며, 경제적 이익과 정치권력을 독점한다. 학연으로 맺은 사람들이 사회에서 거대한 이익을 독점하는 집단을 형성하는 것을 학벌이라 하는데, 우리나라의 대표적인 학벌이 SKY서울대-고려대-연세대다.

이익집단 – 님비 – 핌비

이익집단 비슷한 생각이나 처지에 있는 사람들이 공동의 이익을 얻기 위해 뭉친 단체. 이익집단은 건강한 민주주의 발전을 위해 필요하기도 하지만, 자신이 속한 집단의 이익을 위해 움직이기 때문에 심각한 사회갈등을 일으키기도 한다.

님비 Not In My Back Yard(내 뒷마당은 안 된다)를 줄인 말(NIMBY)로, 쓰레기처리장, 장례식장, 장애인 보호소, 교도소와 같이 사회적으로 필요하지만 사람들이 혐오하는 시설이 자신이 사는 지역에 들어오지 못하게 하려는 현상.

핌비   Please In My Back Yard(제발 우리 뒷마당으로 오세요)를 줄인 말(PIMBY)로, 일
자리가 많은 기업, 관공서, 놀이공원처럼 사람들이 좋아하고 돈도 되
는 좋은 시설을 자기 지역에 유치하려고 서로 경쟁하면서 욕심을 부리
는 현상. 님비와 반대개념처럼 보이지만 사실은 지역 이기주의라는 관
점에서 보면 동일하다. '임피', '핌피'와 같은 뜻이다.

↑
개념어
연결하기

이익을 위해 움직이는 이익집단, 사회적으로 필요하지만 자신의 동네에는 안 된다는 님
비 현상, 이익이 되는 시설을 자기 동네에 들여놓고자 하는 핌비 현상, 이 세 가지 현상
은 모두 자신의 이익만 추구하려는 욕심이 원인이다.

군가산점 – 고교등급제 – 역차별

군가산점   군대에 다녀온 사람이 취업을 할 때 가산점을 주는 제도. 병역의무에
따른 희생을 보상해 주기 위한 제도인데, 여성과 장애인 등을 차별하
고 남성 중에서도 극소수만 혜택을 받는 제도라며 반대하는 사람도
많다.

고교등급제   전국의 고등학교마다 등급을 매겨, 높은 등급을 받은 학교는 대
학입시에서 더 유리하게 하는 제도. 고등학교끼리 경쟁을 부추기고 개
인의 능력이 아니라 속한 집단에 따라 입시 결과가 좌우되는 단점이
있다. 부작용이 많아서 반대가 심하지만 은연중에 시행되고 있다.

역차별   다수에 속했다는 이유로 사회적 약자보다 오히려 차별받는다는 뜻. 사
회적 약자를 보호하는 제도를 비판할 때 다수에 속하는 사람들이 자
주 역차별이란 말을 쓴다.

개념어 연결하기

군가산점은 여성과 장애인을 차별한다는 비판을 받고, 고교등급제는 어떤 학교에 다니느냐에 따라 차별하는 제도라는 비판을 받고 있다. 또한 역차별은 차별받는 사람을 보호하는 제도를 비판하는 논리다. 그래서 군가산점, 고교등급제, 역차별은 모두 차별과 관련이 있다. 서로 자기 이익을 챙기려는 사람들이 넘치는 사회에서 차별을 없애고 공평한 사회를 만드는 것은 정말 어려운 과제다.

디지털혁명 · 정보격차 ··· 사이버문화

우리 할머니는 **디지털혁명**과는 완전히 담을 쌓고 사신다. SNS나 **뉴미디어**라는 단어를 아시기나 할까? 그래서 할머니와는 대화가 안 된다. 가끔 정보격차가 너무 심해서 대화가 안 된다고 투덜거리면 오히려 우리들에게 되물으신다. "나는 **디지털치매** 따위는 전혀 걱정하지 않는다. 도대체 너희들 중에서 내 전화번호 외우는 사람 있니? 나는 그래도 너네들 전화번호는 다 외우는데 말이다. 어디 외우는 놈 있으면 나와 보던가?" 할머니 말씀이 맞았다. 엄마도, 아빠도, 삼촌도, 작은고모도, 나도, 누나도, 그 누구도 할머니의 전화번호를 외우고 있지 못했다. 이런! 내가 치매란 말인가?

그림으로 읽는 개념어

아날로그

디지털치매

디지털혁명

SNS

빅데이터

유비쿼터스

정보격차

사이버문화

미디어

뉴미디어

개념어 사전

디지털혁명 - SNS - 빅데이터 - 유비쿼터스

디지털혁명   디지털 기술이 빠르게 발전하면서 인터넷, 스마트폰, 네트워크 등 새로운 기술이 세상을 급격하게 변하게 하는 현상. 디지털 기술이 발전한 뒤의 세상은 그 이전 세상과 전혀 다르기 때문에 농업혁명, 산업혁명과 더불어 기술 분야의 3대혁명으로 부른다.

SNS   소셜 네트워크 서비스(Social Networks Services)의 약자로, 인터넷에서 여러 사람과 관계를 맺도록 도와주는 서비스. 페이스북과 트위터, 카카오스토리 등이 대표적이다. SNS는 현실 세계와 달리, 관계를 맺는데 한계가 없으므로 복잡하고 다양한 관계 맺기가 가능하다. 또한 정보를 유통하는 속도가 엄청나게 빨라 정보유통의 양과 형태를 크게 바꾸어 놓았다.

빅데이터 다양한 형태로 빠르게 생성되는 큰 규모의 데이터. 정보통신기술이 발달하면서 수백만, 수천만 명의 행동과 선택을 추적하여 데이터로 모으는 것이 가능하게 되었다. 빅데이터는 사람들의 습성이나 사회적인 현상을 분석할 때 유용하다. 과학자들도 빅데이터를 이용해 예전에는 상상도 못했던 연구를 진행하기도 한다. 데이터의 양이 크고 빠르게 생산되기 때문에 빅데이터를 분석해 새로운 가치를 창출하는 능력이 갈수록 중요하다.

유비쿼터스 '언제 어디서나 존재한다'는 뜻의 라틴어. 언제 어디서든 장소와 시간에 관계없이 인터넷을 비롯한 네트워크를 통해 집, 회사, 은행, 등을 자유롭게 이용하고 통제하는 컴퓨터 기술을 가리킨다. 유비쿼터스가 편리하고 행복한 세상을 만들 거라고 믿는 사람도 있지만, 지나치게 네트워크로 연결될 경우 범죄나 권력의 감시, 사고의 위험에 노출될 가능성이 커지기에 유비쿼터스를 부정적으로 보는 사람도 많다.

개념어 연결하기

SNS, 빅데이터, 유비쿼터스는 모두 디지털혁명의 내용이다. SNS는 사회뿐 아니라 사람과 사람의 관계를 바꾸었으며, 빅데이터는 세상과 자연을 연구하는 방법을 바꾸었다. 또한 유비쿼터스는 사람들의 일상을 바꿀 것이다. 디지털혁명은 과거와 완전히 다른 삶으로 인간을 이끌어 가는 인류역사상 세 번째 혁명이다.

정보격차 - 디지털치매 - 아날로그

정보격차   디지털 기술이 빠르게 발전하면서 정보에 접근하는 능력을 갖춘 사람과 그렇지 못한 사람 사이에 격차기 심해지는 현상. 디지털 세상에서 정보는 곧 부와 권력을 결정하므로 정보격차가 심하면 경제적 불평등도 심해질 수밖에 없다.

디지털치매   디지털 기기에 지나치게 의존한 탓에 기억력과 계산력이 크게 떨어진 상태. 친한 사람의 전화번호를 기억하지 못하고 암기력도 크게 떨어지는 사람이 많다. 인간의 사고 능력과 기억력을 퇴보시키는 디지털치매는 인류의 발전과 생존에 치명적인 영향을 끼칠지도 모른다.

아날로그   연속해서 변화하는 양(量)을 나타내는 개념. 예를 들어 디지털 시계는 시간이 숫자로 뚝뚝 끊어지지만, 바늘이 돌아가는 아날로그 시계는 끊어지지 않고 연속해서 움직인다. 디지털 기술로 만든 전자책은 컴퓨터나 스마트폰으로 보지만, 아날로그 기술로 만든 종이책은 손으로 만지고 밑줄을 그어가며 본다. 디지털 기술은 몸으로 느끼는 감각적 문화를 사라지게 하지만, 아날로그 기술은 몸으로 느끼고 체험하는 문화를 만들어낸다.

개념어 연결하기   디지털혁명이 가속화하면서 정보격차 현상이 심각한 사회문제로 떠오르고 있다. 그 중의 하나가 디지털치매인데, 이런 부정적인 문제 때문에 아날로그 삶이 지닌 장점에 주목하는 사람들이 늘어나는 추세다.

교과서 어휘력이 밥이다

사이버문화 – 미디어 – 뉴미디어

사이버문화   인터넷 세상, 즉 사이버 공간에서 생겨나는 문화 또는 인터넷을 이용하는 사람들의 문화. 사이버문화는 현실문화를 닮은 면도 있지만 다른 면이 훨씬 많은 새로운 형태의 문화다.

미디어   정보를 전하는 매체. 신문, 인터넷, 우편, 잡지, 라디오, TV 등 정보를 전하는 모든 매체를 가리킨다.

뉴미디어   정보통신기술이 빠르게 발전하면서 새롭게 등장한 미디어. 과거에는 신문, 잡지, 방송, TV 등이 정보를 전하는 핵심 매체였으나, 오늘날에는 인터넷, 스마트폰, 위성방송 등이 새롭게 등장하여 전혀 다른 새로운 형태와 속도로 정보를 전달한다.

개념어 연결하기

디지털혁명은 사이버문화를 만들어냈고, 전통적인 미디어를 뛰어넘는 뉴미디어가 탄생했다. 디지털혁명은 문화를 생산하고 소비하는 형태뿐 아니라 뉴스를 만들고 소비하는 형태도 완전히 바꾸어 놓았다.

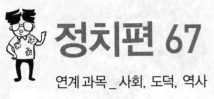

정치편 67

연계 과목 _ 사회, 도덕, 역사

NIE 교육의 틀을 잡는다

민주주의 · 여론 · 공공복리 ··· 복지국가

이야기 속
개념어

우리 동네는 오래전부터 마을 전체를 재개발해야 한다는 **여론**이 있었다. 지저분한 똥은 치워야 하듯이, 낡은 동네는 새 옷으로 갈아입혀야 하기에 나는 속으로 재개발을 열심히 지지해왔다. 그러다 **민주주의**의 꽃이라는 선거철이 되자 본격적으로 재개발 여론이 들끓었다. A당의 후보가 여론을 받아들여 재개발을 공약으로 내걸었지만, B당의 후보는 무조건적인 재개발 공약은 **포퓰리즘**이라며 A당의 후보를 비판했다. 또한 재개발은 오직 소수의 사람들만 이익을 본다며 **공공복리**를 실현하는 방향으로 마을을 바꿔야 한다고 주장했다. "여보, **공청회**라도 열어야 하는 거 아니에요?", "글쎄, **청원**은 할 수 있겠지만, 그게 어디 쉽겠어?" 두 분의 의견이 다르지만 엄마도 아빠도 은근히 재개발에 관심을 보이신다.

그림으로 읽는 개념어

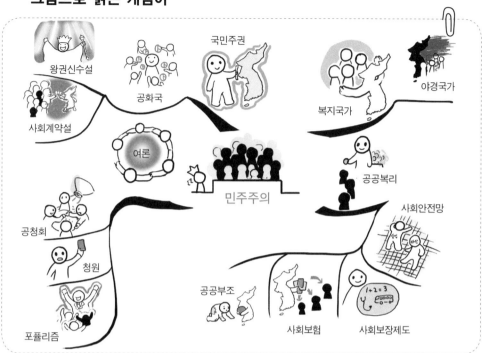

왕권신수설

사회계약설

공화국

국민주권

복지국가

야경국가

여론

민주주의

공공복리

사회안전망

공청회

청원

포퓰리즘

공공부조

사회보험

사회보장제도

개념어 사전

민주주의 – 국민주권 – 공화국 – 사회계약설 ↔ 왕권신수설

민주주의 국민이 주인인 정치체제. 흔히 민주주의 반대를 공산주의로 알고 있으
나 민주주의의 반대는 독재며, 공산주의는 자본주의와 반대되는 의
미다.

국민주권 모든 권력은 국민에게서 나오며 국민이 국가의 주인이라는 원리.

공화국 주권자인 국민이 대표자를 뽑아 민주주의를 원칙으로 정치를 이끄는
나라. 공화국(共和國)에서 공화(共和)란 '함께 화합한다'는 뜻으로, 공화국

이란 '여러 사람이 힘을 합쳐 모두의 이익이 되도록 운영하는 국가'라는 뜻이다. 공화국은 세습을 통해 권력을 이어가는 전제왕국에 반대하는 과정에서 시민이 권력을 장악하며 탄생했다. 대한민국은 민주공화국이다.

사회계약설 국가권력이 어디에서 시작하였는지 밝히는 견해의 하나로, 사람들이 자유와 권리를 보장받기 위해 계약을 맺어 국가를 만들었다는 학설. 사회계약설에 따르면 권력은 국민의 안전과 행복을 위해 국민이 준 것이다.

왕권신수설 왕이 지닌 권력은 신이 내려주었다는 학설. 왕권신수설에 따르면 왕은 신을 대신해서 나라를 다스리므로 백성들은 왕에게 무조건 복종해야 한다.

개념어 연결하기

민주주의는 국민주권을 핵심으로 한다. 민주주의를 실시하는 나라를 공화국이라 한다. 사회계약설은 국가의 주인을 국민으로 보는 이론이기 때문에 국민주권을 뒷받침한다. 왕권신수설은 왕의 권력이 국민이 아니라 신에게서 왔다는 주장으로 사회계약설과 정반대 이론이다.

여론 - 공청회 - 청원 - 포퓰리즘

여론 사회적인 문제나 의견에 대해서 다수의 시민들이 지지하는 견해. 민주주의는 다수의 뜻을 따르는 제도이므로 여론이 바로 서야 민주주의가 바로 선다. 올바른 여론을 위해서는 언론의 자유가 보장되어야 한다.

공청회 중요한 정책을 결정하기 전에 그 분야의 전문가나 이해 당사자들의 의견을 공개적으로 듣기 위한 회의.

청원 국민이 국가기관에 자기 의견이나 뜻을 전하는 행위. 국민은 국가의 주인이기 때문에 언제든지 자신의 의견을 국가기관에 제시할 권리가 있으며, 국가기관은 여기에 성실히 응해야 한다.

포퓰리즘 정책의 현실성이나 발전 가능성은 따지지 않고 대중의 인기만 얻으려고 정책을 제시하는 정치 형태. 포퓰리즘은 무책임한 정치 행위로 나라를 위기에 빠뜨릴 가능성이 높다.

개념어 연결하기

민주주의 사회에서 여론은 정말 중요하다. 민주주의는 여론에 따라 움직이는 정치체제이기 때문이다. 공청회와 청원은 국민 여론을 직접 정치권에 전달하는 수단이다. 그러나 여론만 따르다 보면 대중의 인기만 얻기 위한 정책을 내세우는 포퓰리즘도 생긴다.

공공복리 – 사회안전망 – 사회보장제도 – 사회보험 – 공공부조

공공복리 사회를 이루는 모든 사람들에게 돌아가는 이익.

사회안전망 국민이 행복하고 안전하게 살도록 지원하고 보호하는 각종 사회제도. 국민연금, 건강보험, 고용보험, 산재보험이 대표적 사회안전망이다.

사회보장제도 국민이 인간다운 생활을 하도록 국가가 보장하는 최소한의 제도. 사회보장제도에는 사회보험, 공공부조, 사회 서비스가 있다. 사회 서비스는 국민이 인간답게 살도록 국가가 지원하는 교육, 의료, 주거, 교통 서비스 등을 말한다.

사회보험 사회보장제도의 하나로 국민의 기본적인 생활과 안전을 보장하기 위해 국가가 책임지고 운영하는 보험. 나이가 들면 생활에 필요한 일정 금액을 지급해주는 연금제도, 실업자가 되었을 때 지원하는 고용보험,

아플 때 치료비를 지원하는 의료보험제도, 일하다 다쳤을 때 치료해주는 산업재해보험 등이 있다. 사회보험은 개인보험과 달리 의무적으로 가입해야 하는데, 이는 국민의 건강과 안전을 지키는 데 사회보험이 반드시 필요하기 때문이다.

공공부조 가난하고 경제 능력이 부족한 국민들이 최소한의 생활을 유지하도록 정부가 지원하는 제도. 우리나라는 '국민기초생활보장법'을 바탕으로 이를 실시한다.

개념어 연결하기 민주주의는 공공복리를 실현하기 위한 제도인데, 공공복리를 실현하기 위해서는 사회 안전망을 잘 갖춰야 한다. 사회안전망을 제도로 만든 것이 사회보장제도며, 사회보장제 도에는 사회보험과 공공부조 등이 있다.

복지국가 – 야경국가

복지국가 한 나라의 국민이 인간답게 살 수 있도록 생존권과 행복권을 국가가 보장해주는 나라. 사회안전망과 사회보장제도가 잘 되어 있는 북유럽 국가들이 전형적인 복지국가다.

야경국가 영토를 방어하고 범죄를 막으며, 개인의 재산을 보호하는 역할 외에는 하지 않는 국가. 야경국가는 국가의 역할을 최소한으로 보는 소극적 국가관에서 비롯한 국가며, 복지국가는 국가가 국민을 위해 적극적인 역할을 해야 한다는 적극적 국가관에 따른 국가다.

개념어 연결하기 사회보장제도를 잘 갖춘 나라를 복지국가라 하며, 야경국가는 국가가 최소한의 안전만 제공하기에 복지국가와는 반대다.

간접민주주의 · 직접민주주의 ··· 풀뿌리민주주의

선거철이 되자 우리 동네도 시끄러워졌다. **풀뿌리민주주의**를 실현하기 위해 활동하던 **비정부기구**들은 재개발을 강력히 반대했는데, 이들과 재개발을 추진하자는 쪽이 심하게 갈등했기 때문이다. 당연히 동네 분위기는 험악해질 수밖에 없었다. 나는 **직접민주주의**처럼 재개발을 주민들이 투표로 결정한다면 결과가 어떻게 될지 무척 궁금했다. 그러나 선거는 **간접민주주의**로 대표를 뽑을 뿐이며, 후보가 제시한 여러 정책이나 정당을 보고 투표를 한다. 우리 동네의 운명을 우리가 결정하지 못한다고 하니 무언가 많이 아쉬웠다. 내 밥을 남이 먹어라, 말라 간섭하는 기분이었다.

그림으로 읽는 개념어

풀뿌리민주주의

직접민주주의

참여민주주의

지방자치단체

간접민주주의

비정부기구(NGO)

주민소환제

의원내각제

전자민주주의

지방분권

입헌군주제

개념어 사전

간접민주주의 – 의원내각제 – 입헌군주제

간접민주주의　국민이 대표를 뽑아 정치를 대신하게 하는 민주정치 제도. '대의제'라고도 하며 직접민주주의와 반대되는 개념이다.

의원내각제　국회에서 많은 의석을 차지한 정당이 정부를 구성하는 민주주의 제도. 대통령제에서는 국민이 직접 대통령을 뽑지만 의원내각제에서는 국민은 국회의원을 뽑고, 국회의원들이 모여 내각을 대표하는 수상(또는 총리)을 뽑는다.

입헌군주제　왕의 권력을 헌법으로 제한하는 정치 제도. 옛날 왕은 절대적인 권력을 휘둘렀지만, 요즘 시대 왕은 나라에서 가장 높은 지위에 있으면서도 헌법에 따라 제한된 권력만 사용한다. 대표적인 예로 영국 여왕은 영국에서 가장 높은 지위지만, 현실 정치에는 아무런 영향력을 행사하지 못한다.

간접민주주의는 국민이 직접 정치에 참여하는 것이 아니라, 국민이 뽑은 대표를 통하여 간접적으로 정치에 참여한다 해서 대의제라고 한다. 대의제에는 대통령제, 의원내각제 등이 있는데, 대한민국, 미국, 프랑스 등이 대통령제고, 영국과 일본, 태국 등이 의원내각제다. 독일은 대통령제와 의원내각제를 결합했는데 대통령은 형식적이고 국회의원들이 뽑은 총리가 정치를 주도한다. 영국, 일본, 태국은 의원내각제면서 동시에 입헌군주제 국가다.

직접민주주의 - 참여민주주의 - 비정부기구NGO - 전자민주주의

직접민주주의　대표자를 뽑아서 정치를 하는 대의민주주의(간접민주주의)와 달리 나라의 주인인 국민이 직접 참여하여 제도와 정책과 법을 결정하는 정치 형태. 고대 그리스에서 이런 직접민주주의가 행해졌으나 시민혁명을 거친 뒤 민주주의는 간접민주주의가 대부분이다. 나라 규모가 커진 탓에 직접민주주의를 실현하기 어렵기 때문이다. 요즘은 정보통신기술이 발달하면서 직접민주주의가 실현 가능한 제도로 다가오고 있다.

참여민주주의　나라의 주인인 국민이 정치에 적극적으로 참여하는 민주주의. 여기서 참여는 단순히 선거를 하는 행위만이 아니라 일상에서 적극적으로 의사를 표현하고, 권력을 감시하며, 민주주의를 실현하기 위해 노력하는 자세를 말한다.

비정부기구 Non-Governmental Organization를 줄인 말(NGO)로, 정부에 속하지 않고 사적 이익이 아니라 공공의 이익을 목적으로 하는 시민단체를 말한다. NGO는 권력 감시, 인권 보호, 소수자 보호, 환경보호 등 다양한 활동을 한다.

전자민주주의 인터넷, 스마트폰 등 정보통신 기술이 발달함에 따라 이를 이용하여 시민들이 직접 정치에 참여하는 직접민주주의의 한 형태. 대표를 뽑는 방식의 대의민주주의(간접민주주의)가 국민의 뜻을 제대로 대표하지 못하는 한계를 극복할 수 있게 해준다.

개념어 연결하기

직접민주주의는 간접민주주의와 반대되는 의미다. 국민이 직접 정치에 참여하기 어려운 상황에서 직접민주주의는 참여민주주의를 통해서 일부 실현이 가능해졌다. 비정부기구NGO는 대의제를 통해 선출된 권력을 견제하는 역할을 하고, 국민들이 정치에 참여하는 참여민주주의를 실현하는 데도 큰 역할을 한다. 디지털혁명으로 국민들이 정치에 참여할 기회가 늘어나면서 전자민주주의 시대가 열리고 있다. 전자민주주의는 참여민주주의를 발전시켜 직접민주주의를 실현할 가능성을 높이고 있다.

풀뿌리민주주의 - 지방자치단체 - 주민소환제 - 지방분권

풀뿌리민주주의 국민 개개인이 참여하는 대중적인 민주주의. 풀뿌리민주주의는 1935년 Grass-roots democracy를 직역한 말로, 국민 개개인의 참여와 생활 속 민주주의를 강조한 개념이다. 참여민주주의도 풀뿌리민주주의의 한 형태다.

지방자치단체　　지역 주민들이 중앙정부에서 독립하여 자기 지역을 스스로 다스리는 '지방자치'를 책임지고 수행하는 공공단체. 서울, 부산, 경기도와 같은 광역자치단체와 천안시, 고흥군, 문경시와 같은 기초자치단체로 나뉜다.

주민소환제　　국민이 선출한 공무원이 심각한 부정을 저지르거나 문제점이 많을 때 주민들이 직접 나서서 주민투표를 통해 내쫓을 수 있는 제도. 정치인들이 주민들의 뜻에 어긋난 행위를 하지 못하도록 견제하는 수단이다.

지방분권　권력을 중앙정부에 집중시키지 않고 지방자치단체에 나눠주어 다스리게 하는 정치 체제. 지역의 특성에 맞는 정치가 가능하기 때문에 지역 주민이 주인이 되는 정치가 가능하다.

개념어 연결하기

풀뿌리민주주의는 일상생활 공간에서 실천하는 민주주의로, 직접민주주의면서 동시에 참여민주주의다. 주민소환제는 풀뿌리민주주의를 주민들이 직접 실현하는 물리적인 힘이다. 선거에서 당선되었다 하더라도 주민들의 뜻을 무시하는 정치를 하는 지방자치단체의 대표는 주민소환제로 쫓겨날 수도 있다. 풀뿌리민주주의가 되려면 지방자치단체가 실질적인 결정권을 행사하는 지방분권이 되어야 한다.

열 쇠 말 3

참정권 · 공명선거 ··· 선거구

중학생인 나는 미성년자이기 때문에 **참정권**이 없지만, **선거4원칙**에 명시된 보통선거는 대한민국 성인이라면 누구에게나 **선거권**이 있다. 선거철이 되면 나에게도 한 표의 권리를 행사하는 투표권이 있기를 간절히 바란다. 재개발을 둘러싸고 선거가 치열해지면서 온갖 **흑색선전**이 동네를 흉흉하게 만들 때에는 **공명선거**도 위협받지 않을까 걱정스럽다. A당과 B당은 **매니페스토**를 주장하면서도 시간이 지날수록 상대방에 대한 비난을 서슴지 않는다. 어른들도 우리 동네의 재개발이 걸린 선거다 보니 무분별한 비난 분위기에 휩쓸려 들었다.

교과서 어휘력이 밥이다

그림으로 읽는 개념어

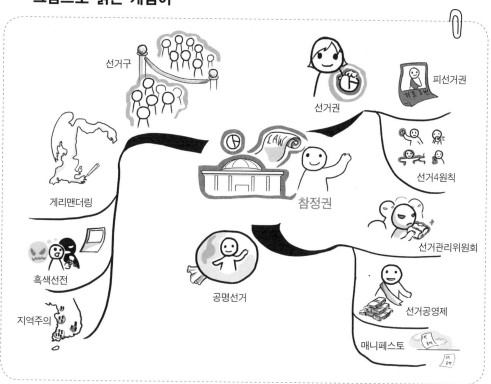

선거구

선거권

피선거권

게리맨더링

LAW

참정권

선거4원칙

선거관리위원회

흑색선전

공명선거

선거공영제

지역주의

매니페스토

개념어 사전

참정권 – 선거권 – 피선거권 – 선거4원칙

참정권   나라의 주인인 국민이 정치에 참여할 권리. 투표를 하고 선거에 출마할 수 있는 권리뿐 아니라 정치적인 행동을 할 권리도 모두 참정권이다.

선거권   선거를 할 권리. 민주주의 국가에서는 일정한 나이 이상이 되면 선거권을 준다.

피선거권   선거에 출마하여 당선인이 될 수 있는 권리. 법적으로 자격을 박탈당하지 않는 한 일정한 나이가 되면 선거에 출마할 수 있는 권리를 말한다. 국회의원 선거와 대통령 선거에 출마 가능한 연령은 법률로 정해 두었다.

선거4원칙 선거에서 지켜야 할 4가지 원칙으로 보통선거, 비밀선거, 평등선거, 직접선거를 가리킴. 보통선거는 일정한 나이가 되면 선거권을 주는 제도이며, 평등선거는 1인 1표제, 직접선거는 본인이 직접 투표하는 원칙, 비밀선거는 투표자가 누구에게 투표를 했는지 모르게 하는 것이다.

개념어 연결하기 참정권은 선거를 할 권리인 선거권과 선거에 출마할 권리인 피선거권으로 구분된다. 선거를 실시할 때는 선거4원칙을 반드시 지켜야 한다.

공명선거 – 선거관리위원회 – 선거공영제 – 매니페스토

공명선거 법이 정한 규칙에 따라 깨끗하고 떳떳하게 치르는 선거.

선거관리위원회 민주주의를 실현하기 위한 선거를 공정하게 관리하고 정당활동을 감시하기 위해 헌법에 따라 설치한 기관. 일반 단체나 학교에서 선거를 할 때도 공정한 선거를 위해서는 선거관리위원회(선관위)를 꾸려야 한다.

선거공영제 정부가 선거에 사용하는 돈을 지원하는 제도. 부자는 선거에 출마할 수 있고, 가난하면 선거에 출마하지 못하는 불평등을 막고, 국민 모두에게 균등한 기회를 제공하기 위해서 실시하는 제도다.

매니페스토 인기를 얻기 위한 공약이 아니라 구체적으로 실현 가능성이 있는 공약. 겉만 번지르르한 공약은 인기를 얻을 수 있지만 성공할 가능성이 적다. 그렇기 때문에 선거에 출마한 후보자들은 실현 가능성이 높은 공약을 제시해야 한다.

개념어
연결하기

민주주의 꽃인 **공명선거**를 위해서 반드시 **선거관리위원회**가 필요하고 **선거공영제**를 실시해야 한다. 선거관리위원회는 국회, 정부, 법원과 같은 독립된 기구로 깨끗하고 공정하게 선거를 관리하여 공명선거를 실현하는 역할을 해야 하며, 선거공영제는 공명선거를 위해 꼭 필요한 제도다. 또한 선거에 나온 출마자들은 인기에 연연하는 공약이 아닌 실천 가능한 **매니페스토**를 약속하고, 유권자들 역시 출마자들의 공약이 메니페스토에 가까운지 가리는 밝은 눈이 필요하다.

선거구 – 게리맨더링 – 흑색선전 – 지역주의

선거구 대표자를 뽑는 선거에서 선거를 치르는 단위 구역. 보통 국회의원 선거에서는 소(小)선거구와 중대(中大)선거구가 있는데 소선거구는 한 선거구에서 1인을 뽑고, 중대선거구에서는 2명 이상을 뽑는다.

게리맨더링 자기 당에 유리하도록 이상하고 불공평하게 선거구를 정하는 행위. 게리란 사람이 도마뱀(Salamander) 모양으로 선거구를 만들어 자기 당에 유리하게 선거구를 정한 데서 유래한 말이다.

흑색선전 근거도 없으면서 상대를 비난하는 선전. 선거운동을 할 때 상대 후보자를 크게 비판하면서도 근거는 제시하지 못해 '그렇다더라' 식으로만 말하고 책임도 지지 않는다. 당선되기 위해서라면 무슨 짓이든지 하는 잘못된 선거운동은 결국 처벌을 받는 경우가 더 많다.

지역주의 같은 지방 출신끼리 뭉쳐서 자기들만의 이익을 추구하고, 다른 지방 출신들은 비난하거나 적대적으로 대하는 현상. 우리나라는 지역주의가 심해서 민주주의가 제대로 발전하지 못하고 있다.

개념어
연결하기

선거를 하는 단위가 선거구인데 공명선거를 위해서는 선거구를 공정하게 나눠야 한다. 간혹 게리맨더링을 해서 공명선거를 해치기도 한다. 무분별한 흑색선전과 지역주의는 우리나라에서 오랫동안 공명선거가 실현되지 못하게 방해하는 큰 요인이다. 게리맨더링, 흑색선전, 지역주의는 공명선거를 방해하고 국민들이 참정권을 올바르게 행사하지 못하게 하는 민주주의 훼방꾼이다.

권력분립 · 제헌의회 · 국정감사 ··· 관료제

이야기 속 개념어

아빠와 삼촌이 재개발에 대해 대화를 나누신다. "우리나라는 **권력분립** 국가야. **입법부** 대표 한 명이 재개발을 지지한다고 그게 되겠어?", "그래도 힘 있는 국회의원이 강하게 밀어붙이면 **행정부**가 움직이지 않겠어요?", "그러다가 자칫 행정부가 **국정감사**를 받을 수도 있는데 하겠냐고. 여차하면 **사법부**까지 나설걸. 국회의원 한 명이 밀어부친다 해서 되지도 않겠지만 무조건 재개발이 능사는 아니지." 아무래도 아빠는 재개발을 반기지는 않으시나 보다. 나는 솔직히 실망했다. 재개발되면 깨끗한 아파트에서 살 수 있을 텐데 왜 반대하시는지 모르겠다.

그림으로 읽는 개념어

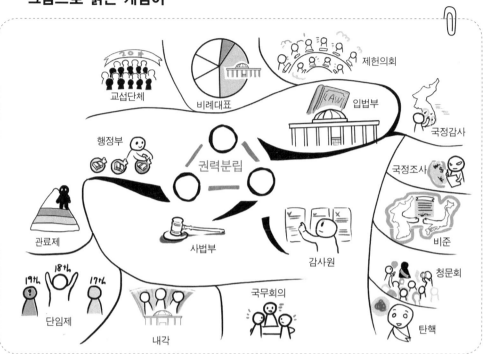

개념어 사전

권력분립 - 입법부 - 행정부 - 사법부 - 감사원

권력분립　권력을 나눠 서로 견제하도록 하는 정치 체계. 권력이 한 군데로 집중
　　　　　되면 독재가 될 수 있기 때문에 권력을 분리하도록 했다. 우리나라는
　　　　　입법부, 행정부, 사법부로 3권 분립이 되어 있다.

입법부　법을 만드는 기관. 국회를 가리킨다.

행정부　행정을 맡아보는 국가기관. 국회가 법을 만들고 예산을 세우면 행정부
　　　　　는 국회가 정해놓은 법과 예산에 따라 나라 살림을 꾸려 나간다.

사법부	법을 해석하고 판단해서 적용하는 기관. 법원을 가리킨다.
감사원	행정부가 법에 따라 제대로 일을 하는지, 공무원들이 규정을 어기지 않는지를 살피고 감시하는 기관.

↑

개념어 연결하기

우리나라의 권력분립은 일반적으로 3권 분립 형태다. 3권은 입법부, 행정부, 사법부다. 감사원은 입법·사법·행정부에 속하지 않는 독립된 기관으로 행정부 소속 공무원들을 지속적으로 감시, 감독하는 기능을 한다. 물론 입법부가 행정부 감시를 하지만 따로 감사원을 두는 것은 행정부가 지닌 권한이 워낙 크고 국민에게 미치는 영향이 막대하기 때문이다.

제헌의회 – 비례대표 – 교섭단체

제헌의회	헌법을 만들기 위해 활동하는 최초의 국회. '제헌'은 헌법을 만든다는 뜻으로 대한민국 제헌의회는 1948년 5월 31일부터 1948년 12월 18일까지 활동했으며, 대한민국의 첫 번째 헌법을 만들었다.
비례대표	정당의 득표율에 비례해 당선자 수를 결정하는 선거 제도. 국회의원 선거를 할 때 유권자는 두 장의 투표용지를 받는다. 한 장은 지역에 출마한 후보를 선출하는 투표용지고, 다른 한 장은 유권자가 지지하는 정당에 투표를 하는 투표용지다. 정당 투표결과에 따라 선출되는 국회의원이 비례대표다. 정당 투표를 하면 소수당도 국회 진출이 가능하고, 전문 능력을 갖춘 인재가 국회의원으로 많이 선출되어 국회를 다양하게 만든다.
교섭단체	국회를 효과적으로 운영하기 위해 일정 수 이상의 국회의원들이 구성하는 단체. 보통 한 정당이 하나의 교섭단체를 이루지만, 국회의원 숫

자가 부족할 경우 여러 정당이 뭉쳐서 하나의 교섭단체를 만들기도 한다. 우리나라 교섭단체 최소 인원은 20명이다.

개념어 연결하기 민주주의는 헌법에 따라 나라를 운영하는데 제헌의회는 헌법을 만들기 위해 구성한 최초의 국회다. 입법부를 구성하는 국회의원들은 지역에서 뽑은 지역 의원과 정당의 득표율로 뽑는 비례대표가 있다. 국회의원은 교섭단체를 만들어 활동한다.

국정감사 – 국정조사 – 비준 – 청문회 – 탄핵

국정감사 정부가 한 일을 감시하는 국회의 활동. 국회는 법을 만들 뿐 아니라 정부가 국민을 위해 제대로 일을 하는지 감시하는 역할을 하는데, 국정감사를 통해 행정부를 감시하는 일도 한다.

국정조사 나라에서 벌어지는 일 중에서 국회가 매우 중요하다고 판단하는 일을 조사하는 활동. 권력자들이 비리를 저지를 경우, 사회적으로 큰 문제가 생길 경우 국정조사를 한다.

비준 나라와 나라 사이에 맺은 약속인 조약을 확인하고 동의하는 절차. 국가 사이의 약속은 나라의 이익에 미치는 영향이 크기 때문에 여러 번의 절차를 거치는데 비준은 마지막 검토 절차. 비준 권한은 대통령이나 국회에 있으며 법률로 이를 정한다. 비준이 끝나야 비로소 조약이 효력을 발휘한다.

청문회 국회가 사실 확인, 인물 검증, 의견 청취 등을 위해 실시하는 회의. 인사청문회가 대표적인데, 인사청문회에서는 국무총리를 비롯한 주요 장관들을 대통령이 임명하기 전에 청문회를 열어 그 사람의 도덕성과 능력을 검증한다.

탄핵 대통령, 국무총리, 행정부 고위 공무원, 법관 등이 그 직을 수행하기 어려울 만큼 무능하거나, 큰 위법 행위를 했을 경우 국회가 일정한 절차에 따라 파면이 가능한 제도. 우리나라는 국회가 탄핵을 한다고 해서 바로 파면되는 것이 아니라, 국회에서 탄핵을 한 뒤에 헌법재판소에서 탄핵이 정당한지 심사한 뒤에 결정한다. 과거 노무현 대통령은 국회의원의 2/3가 찬성해 탄핵을 당했으나, 헌법재판소에서 위법한 탄핵이라 하여 취소된 바 있다.

개념어 연결하기

국정감사, 입법, 그리고 나라의 예산을 심의하고 결산하는 일은 국회의 3대 역할이다. 이 중에서 국정감사는 행정부를 감시하는 기능으로, 행정부가 하는 일에 큰 문제가 발견되면 국회는 국정조사를 할 수 있다. 더불어 행정부를 견제하는 국회의 다른 역할로는 비준, 청문회, 탄핵이 있다. 이 중에서 탄핵은 사법부를 견제할 수 있는 기능이기도 한데, 우리나라에서는 사법부가 입법부의 무분별한 탄핵을 헌법재판소를 통해 견제하기도 한다. 그 만큼 탄핵은 치명적인 힘을 발휘하기 때문에 서로가 서로를 견제하도록 하고 있다.

관료제 – 단임제 – 내각 – 국무회의

관료제 피라미드처럼 위에서 아래까지 직위를 체계적으로 나누어 일을 하는 조직 형태. 보통 정부 공무원 조직을 일컫는 말이나, 기업이나 학교에도 관료제 형태가 많다.

단임제 대통령을 단 한 번만 하는 제도. 우리나라는 현재 5년 단임제다. 미국은 대통령을 한 번 더 할 수 있는 중임제로, 4년씩 두 번까지 가능하다.

내각	정부와 동의어. 국무총리와 장관 등 행정부를 담당하는 책임자들을 일컫는 말로 쓰기도 한다.
국무회의	대통령, 총리, 장관 등이 참석하는 회의로 정부 중요 정책을 의논하고 결정하는 행정부 최고 의사 결정 기관.

행정부 공무원 조직은 관료제다. 행정부를 이끄는 대통령은 우리나라는 단임제며, 미국은 중임제다. 행정부는 내각이 중심이 되어 이끌며, 내각을 구성하는 정부 고위 관리들이 하는 최고 회의 기구가 국무회의다.

교과서 어휘력이 밥이다

세계인권선언 · 결사의 자유 ··· 인권유린

이야기 속
개념어

　　　　　　　　"마구잡이 재개발은 **인권유린**이야." 작은고모가 말
했다. "재개발이 인권유린이라니 무슨 말이죠?" 동네가 재개발이 되기를 은근
히 바라는 내가 반문했다. 인권이 어떻고 생존권이 어떻고 고모가 한참 설명
을 했는데 알아듣기 어려웠다. 결국 고모는 더 이상 설명하기를 포기했는지
한마디 던지면서 일어나버렸다. "인권이 뭔지 잘 모르겠으면 **세계인권선언**을
읽어 봐. 아니면 **국가인권위원회** 홈페이지를 방문해서 인권이 뭔지 공부하든
지." 작은고모는 항상 저런 식이다. 어렵게 설명하고 결국 포기해 버린다. '사
실은 고모도 잘 모르지?' 하고 도발해볼까 하다가 뒷일이 무서워 꾹 참았다.
아쉬운 놈이 우물을 판다고 나는 사회공부도 할 겸 인권에 대해 찾아보기로
했다.

그림으로 읽는 개념어

검열

인권유린

국가인권위원회

계엄

소수자 우대제도

결사의 자유

세계인권선언

양심수

양심의 자유

여성할당제

양심적 병역거부

개념어 사전

세계인권선언 – 국가인권위원회 – 소수자 우대제도 – 여성할당제

세계인권선언　　모든 사람과 나라가 지키고 이루어야 할 인권의 기준을 제시한 선언. 1948년 UN에서 채택하여 선포한 선언으로, 모든 나라 모든 사람들이 지키고 따르며 실천해야 할 기본적이면서 보편적인 인권을 제시하였다. 인권에 관심이 있다면 반드시 읽고 공부해야 할 선언이다.

국가인권위원회　　국민의 인권을 보호하고 인간다운 삶을 보장하기 위한 독립기구. 대통령이나 국회, 사법부 등 국가의 어떠한 권력기관에도 속하지 않

는 독립기관으로, 오직 국민의 인권을 보호하기 위해서 일하는 국가기관이다.

소수자우대제도 사회적 약자인 소수자를 보호하기 위해 입학, 취업 등에서 우대해주는 제도. 사회적 약자인 소수자를 그대로 두면 계속 사회적 약자로 남아 불평등이 계속될 수 있기 때문에 불평등이 대물림되는 것을 막기 위한 제도다.

여성할당제 소수자우대제도의 하나로 입학이나 취업에서 여성의 비율을 일정하게 보장해주는 제도. 여성이 사회적으로 약자인 점을 고려하여 여성의 사회진출을 보호하기 위해 실시한다.

개념어 연결하기 세계인권선언은 세계인이 모두 지키고 누려야 하는 인권에 관한 약속이다. 국가인권위원회는 세계인권선언에 담긴 인권을 우리나라에서 잘 지키기 위해 설치한 기구다. 인권 보호 중의 하나가 소수자의 인권 보호인데 소수자는 인권을 보호받지 못하는 경우가 많다. 그래서 인권 선진국일수록 소수자를 보호하기 위한 소수자우대제도가 잘 되어 있으며, 여성할당제는 대표적인 소수자우대제도다.

결사의 자유 – 양심의 자유 – 양심수 – 양심적 병역거부

결사의 자유 원하는 단체를 자유롭게 만드는 자유. 민주주의 국가에서는 반드시 보장해야 할 기본 권리다.

양심의 자유 자기가 옳다고 믿는 생각을 마음대로 할 자유. 독재국가에서는 정치 견해가 다르면 감옥에 가두기도 하고, 다른 종교를 믿는 사람들과 전쟁을 벌이기도 하는데 이는 모두 양심의 자유를 억압하는 행위다. 생각이 다른 사람을 존중하는 것이 민주주의에서는 가장 중요하므로 민주국가에서는 양심의 자유를 헌법으로 보장한다.

양심수 자신의 양심에 따라 행동했다는 이유만으로 국가권력이 이를 탄압하여 감옥에 가둔 사람. 양심수로 가장 유명한 사람은 흑인차별운동에 반대하다 27년 동안 감옥에 갇혔던 남아프리카공화국의 넬슨 만델라다.

양심적 병역거부 종교적 믿음이나 양심에 따라 군 입대를 거부하거나, 총을 들기를 거부하는 행위. 양심적 병역거부를 하는 사람들은 생명과 평화를 사랑하는 마음을 지키기 위해서, 또는 총은 신의 섭리를 거스르는 행위라며 군대와 총을 거부한다. UN인권위원회는 양심적 병역거부를 인정해야 한다고 하였고 독일, 대만, 오스트리아 등은 이를 인정한다. 우리나라는 예전부터 남북분단과 병역의 의무를 내세워 양심적 병역거부를 인정하지 않았으나, 최근에는 인정해야 한다는 주장이 힘을 얻고 있다.

개념어 연결하기 인권이 보장된 사회에서는 결사의 자유와 양심의 자유를 반드시 보장해야 한다. 양심의 자유를 억압하는 사회에서는 양심수가 나온다. 양심적 병역거부는 양심의 자유에 따른 개인의 선택이며, 인권 선진국들은 양심적 병역거부를 인정한다.

인권유린 - 검열 - 계엄

인권유린 다른 사람의 인권을 짓밟는 행위.

검열 국가권력이 언론, 출판, 예술 등을 사전에 검사하여 마음대로 바꾸거나 금지하는 제도. 민주주의 국가에서는 표현의 자유가 중요하기 때문에 검열을 해서는 안된다.

교과서 어휘력이 밥이다

계엄

전쟁이나 국가가 위기에 빠졌을 때 군대를 이용해 나라를 다스리는 것. 계엄령이 선포되면 군대가 핵심 역할을 하며 국민이 누리는 기본 권리를 제한한다.

**개념어
연결하기**

인권유린은 절대 용납해서는 안 된다. 검열은 언론의 자유를 억압하는 제도로 심각한 인권유린이다. 계엄 상황에서는 인권이 제대로 보호받지 못하며, 독재자들은 계엄을 이용해 무자비하게 인권유린을 하기도 한다.

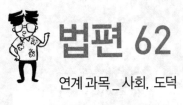

법편 62

연계 과목 _ 사회, 도덕

시험에 나오는 제도와 질서 이야기

천부인권 · 사회권 · 자유권 ··· 청구권

인권이 궁금한 나는 인터넷에서 검색한 다음 꼼꼼히 읽어 보았다. "인간으로 태어나면 당연히 주어지는 당연한 권리, **기본권**이며 **천부인권**이라!" **사회권**, **자유권**, **청구권**, 양심의 자유, 결사의 자유 등 연관 검색어가 많다. 그리고 인권을 지키기 위해 싸운 사람들의 이야기, 인권을 박탈당한 사람들의 이야기도 나와 있었다. 그러나 재개발이 왜 인권유린인지 작은고모의 말을 이해하는 데 도움이 되는 말은 없었다. "재개발이랑 인권이랑 도대체 무슨 상관이지?" 누나는 평소에 내가 멍청하다고 구박을 많이 하는데, 불행하게도 나는 똑똑한 유전자를 조금도 받지 못한 채 태어났나 보다.

그림으로 읽는 개념어

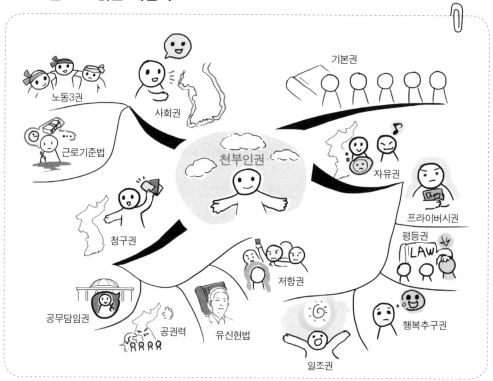

노동3권

사회권

기본권

근로기준법

천부인권

자유권

청구권

프라이버시권

평등권
LAW

공무담임권

저항권

공권력

유신헌법

행복추구권

일조권

개념어 사전

천부인권 – 기본권

천부인권 인간으로 태어나면 당연히 생기는 권리. 하늘이 준 권리란 뜻으로 '자
연권'이라고도 한다. 인간의 기본적인 권리를 그 어떤 법과 권력도 절
대 침해하지 못한다는 정신이 담겼다.

기본권 헌법이 보장하는 국민의 기본적인 권리. 자유권, 사회권, 청구권, 평등
권, 행복추구권 등이 있다.

기본권은 하늘이 준 권리인 천부인권이기에 헌법으로 보장한다. 기본권은 그 어떤 이유로도 침해하지 못하는 천부인권이다.

사회권 – 노동3권 – 근로기준법

사회권   국가로부터 인간다운 생활을 보장받을 국민의 기본권.

노동3권   헌법에서 보장한 노동자의 기본권으로 단결권, 단체교섭권, 단체행동권을 말한다. 단결권은 노동자가 스스로 뭉칠 권리, 단체교섭권은 사용자와 협상할 권리, 단체행동권은 협상이 틀어졌을 때 파업과 같은 방식으로 집단적인 힘을 발휘할 수 있도록 보장한 권리다. 흔히 파업은 불법이라고 잘못 아는 사람도 있지만 파업은 헌법으로 보장한 노동자의 권리다.

근로기준법   노동자의 생활을 보장하기 위해서 노동자가 일할 때 사업주가 반드시 보장해 주어야 할 임금, 근로시간, 휴가, 산업재해, 해고 등에 관한 근로조건을 정한 법. 근로기준법이 정한 근로조건은 최저기준이기 때문에 이 법이 정한 기준 아래로는 근로조건을 낮추지 못한다. 원래 있던 근로조건이 근로기준법이 정한 기준보다 좋다면, 근로기준법을 이유로 근로기준을 낮추지는 못한다. 물론 근로기준법보다 못한 근로조건은 불법이다.

인간다운 삶을 보장받을 권리인 사회권에는 노동3권이 포함된다. 그리고 노동자의 사회권을 보장하기 위한 법 중에서 가장 기본이 되는 법이 근로기준법이다.

자유권 - 프라이버시권 - 평등권 - 행복추구권 - 일조권

자유권 개인이 국가의 간섭을 받지 않고 자유롭게 생각하고 행동할 수 있는 권리.

프라이버시권 개인의 사생활을 보호받을 권리. 국가기관이나 타인이 개인의 사생활을 함부로 침해하지 못하며, 동시에 본인의 동의 없이 그 사람의 사생활을 외부에 공개하지 못한다.

평등권 모든 사람이 법 앞에 평등할 권리.

행복추구권 인간으로서 행복을 추구할 권리. 우리나라 헌법 제10조에서는 '모든 국민은 인간으로서 존엄과 가치를 지니며, 행복을 추구할 권리가 있다'고 하며 행복추구권이 국민의 절대적인 권리임을 선언했다.

일조권 햇빛을 받을 권리. 일조권을 방해하는 건물의 주인에게 배상을 요구할 수 있다.

개념어 연결하기

프라이버시권은 자유권에 속한다. 자유권과 평등권은 서로 대립하는 권리라고 착각하는 경우가 있는데, '자유를 평등하게 누릴 권리'이기에 자유권과 평등권은 둘이 아니라 하나다. 행복추구권도 자유롭고 평등하게 누려야 하며, 자유권과 평등권이 없으면 행복추구권을 누리기 어렵다. 일조권은 행복추구권에 속한다.

청구권 - 공무담임권 - 공권력 - 유신헌법 - 저항권

청구권 개인이나 법인, 국가 등에 무언가를 요구할 권리. 청구권은 법에 명시된 권리에 의해서만 발생한다.

공무담임권　국민이 국가기관에서 일할 수 있는 권리. 선거를 통해 선출 될 권리와 국가 공무원이 될 수 있는 권리를 말한다.

공권력　국가나 공공 단체가 국민에게 명령을 내리고 강제로 행정과 법을 집행하는 힘. 공권력은 공공의 이익을 지키라고 국민이 국가에 맡긴 힘이다. 만약 공권력을 잘못된 방향으로 사용하면 국민은 이에 저항할 권리가 있다.

유신헌법　박정희 대통령 재임기인 1972년 10월에 만든 헌법. 유신헌법은 대통령의 장기집권과 독재를 강화하기 위한 법으로 국민의 기본권을 침해하는 헌법이었다. 국민들은 유신헌법으로 인해 인권유린을 당했으며 유신헌법에 저항했던 사람들은 무자비하게 처벌받았다. 심지어 죄가 없는 사람에게 죄를 뒤집어 씌워 사형을 시키기도 했다.

저항권　국민의 기본권을 침해하는 국가권력에 저항할 수 있는 국민의 권리. 4·19혁명과 5·18광주민주화운동, 그리고 6·10시민항쟁이 부당한 국가권력에 저항권을 행사한 대표적인 사례다. 국가의 주인은 국민이라는 민주주의 근본원리에 뿌리를 둔 권리다.

개념어 연결하기　청구권은 요구할 권리, 공무담임권은 국가기관에서 일할 수 있는 국민의 권리다. 국가기관에서 일을 하는 사람은 공권력을 사용할 권리가 있지만, 유신헌법처럼 국민의 기본권을 침해하는 데 공권력을 쓰면 안 된다. 잘못된 공권력에 저항하는 국민의 권리를 저항권이라 하며, 이 저항권은 국민 스스로 국민의 기본권을 지키는 최후의 수단이자 권리다.

법치주의 · 죄형법정주의 · 무죄추정의 원칙 ··· 착한 사마리아인 법

이야기 속 개념어

혁~ 삼촌이 어젯밤 경찰에 잡혀갔다고 한다. "**착한 사마리아인 법**이 있는 것도 아닌데, 뭐하려고 끼어드서는……." 엄마가 한숨을 쉬며 말했다. "삼촌이 왜? 죄를 지었어? 범죄자가 된 거야?" 내가 물었다. "범죄자라니! 넌 **무죄추정의 원칙**도 모르니?" 고등학생인 누나가 끼어든다. "아무리 좋은 의도였다고 해도 **법치주의** 국가인데 법대로 처벌 받겠지. 에휴~!" 아빠의 꺼져 들어가는 한숨 때문에 우리 가족은 모두 조용해졌다. 할머니가 걱정하실까봐 할머니께는 비밀로 하기로 했다. 할머니는 항상 걱정이 많은 분이시기 때문이다.

그림으로 읽는 개념어

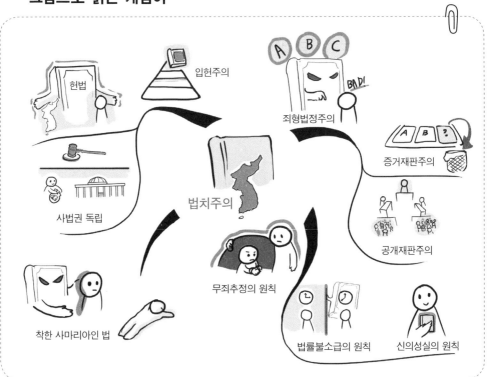

헌법

입헌주의

죄형법정주의

증거재판주의

사법권 독립

법치주의

공개재판주의

착한 사마리아인 법

무죄추정의 원칙

법률불소급의 원칙

신의성실의 원칙

개념어 사전

법치주의 – 입헌주의 – 헌법 – 사법권 독립

법치주의 국가는 법에 따라 통치해야 한다는 원칙. 과거에는 왕이 자기 마음대로 나라를 다스렸으나, 법치주의 국가에서는 왕의 뜻이 아니라 법에 따라 나라를 다스린다.

입헌주의 나라의 최고 법인 헌법을 근거로 나라를 다스리는 국가.

헌법 국가를 통치하는 기본 원리와 국민의 기본권을 보장하는 내용을 담은 법으로, 모든 법 중에서 가장 높은 위치에 있는 법. 모든 법은 헌법이 정한 규칙과 정신을 벗어나지 않아야 한다. 헌법을 어긴 법은 법으로서 효력이 없다.

사법권 독립　　사법부는 입법부와 행정부의 간섭이나 영향에서 벗어나 독립적으로 재판해야 하며, 재판을 이끄는 판사는 그 어떤 외부의 압력을 받지 않고 오직 양심과 법에 따라서만 판결을 내려야 한다는 원칙.

개념어
연결하기

헌법을 최고의 법으로 하여 법치주의를 만들어 나가는 것을 입헌주의라 한다. 법치주의를 이루기 위해서는 사법권 독립이 필수다.

죄형법정주의 – 증거재판주의 – 공개재판주의

죄형법정주의　　범죄와 형벌을 미리 법률로 정해야 한다는 원칙. 권력자가 권력을 이용하여 선량한 사람을 처벌하는 것을 막고 개인의 기본적인 자유와 권리를 보장하기 위해 필요한 원칙이다. 아무리 많은 사람들이 비난하는 일을 저질러도 법에 범죄로 규정한 일이 아니면 범죄가 아니며, 더 가혹한 처벌을 하고 싶어도 법에 없는 처벌은 하지 못한다.

증거재판주의　　재판에서는 오직 구체적인 증거만이 사실을 인정하는 근거라는 원칙. 증거재판주의를 지키는 이유는 불명확한 추측이나 불합리한 사실로 재판이 잘못된 결론에 이르는 것을 막기 위해서다. 확실한 증거를 근거로 판결을 내려야 국민과 재판 당사자가 재판을 신뢰하게 되고 법치주의가 유지된다.

공개재판주의　　재판은 공개해야 한다는 원칙. 재판의 공정성을 확보하고 국민이 신뢰하도록 하기 위해서 재판은 공개를 원칙으로 한다. 단, 국가 안전에 위협이 되거나 사회에 심각한 악영향을 끼칠 우려가 있을 경우 비공개 재판을 진행하기도 한다.

개념어
연결하기

죄형법정주의에 따라 법률로 정한 죄만을 처벌하고, 판결을 내릴 때에는 구체적인 증거만을 근거로 판단하는 **증거재판주의**를 따라야 한다. 특별한 경우를 제외하고는 모든 재판은 처벌을 결정하는 과정을 투명하게 하는 **공개재판주의**를 지켜야 한다.

무죄추정의 원칙 – 법률불소급의 원칙 – 신의성실의 원칙

무죄추정의 원칙　　　수사기관에 범죄자로 붙잡힌 사람도 재판에서 최종 유죄가 확정될 때까지는 무죄로 여겨야 한다는 원칙. 범죄자로 의심받는 사람의 인권도 보호하고, 혹시나 있을지 모를 잘못된 수사로 인한 피해를 막기 위한 원칙이다.

법률불소급의 원칙　　　모든 법률은 행동을 하는 그 순간에 있던 법률로만 적용받으며, 과거의 잘못을 처벌하기 위해 법률은 새로 만들지 못한다는 원칙. 만약 지금은 범죄가 아니어서 안심하고 행동했는데 나중에 법을 만들어 그 행동을 처벌하게 되면 사람들은 법을 믿지 못하고 어떻게 행동해야 될지 몰라 불안하게 된다. 법률을 소급(과거로 되돌아가 영향을 끼침)하면 국민들이 현재의 법을 불신하고 불안에 떨게 되어 법치주의가 흔들리게 된다.

신의성실의 원칙　　　법률생활을 할 때 신의와 성실로 임해야 한다는 법의 대원칙. 민법 제2조에서는 "권리의 행사와 의무의 이행은 신의를 좇아

096
교과서 어휘력이 밥이다

성실히 하여야 한다."고 규정하고 있다.

개념어 연결하기

법은 처벌이 목적이 아니라 보호가 목적이며, 변화가 아니라 안정, 불신이 아니라 신뢰를 기반으로 한다. 인권을 보호하기 위해 무죄추정의 원칙을 지켜야 하며, 법에 대한 믿음과 사회적 안정을 위해 법률불소급의 원칙을 지켜야 하고, 서로 신뢰와 믿음을 높이기 위해 신의성실의 원칙을 지켜야 한다. 이 세 가지는 반드시 지켜야 할 중요한 원칙이다.

착한 사마리아인 법

착한 사마리아인 법   자신이 위험에 처할 가능성이 없음에도 사고나 범죄로 어려움에 처한 사람을 도와주지 않은 사람을 처벌하는 법. 강도를 당해 길에 쓰러진 유대인을 보고 다른 사람들은 그냥 지나쳤으나, 착한 사마리아인이 구해 주었다는 성서의 이야기에서 유래한 명칭이다. 외국의 여러 나라에서는 곤경에 처한 사람을 돕지 않으면 죄를 묻는 착한 사마리아인 법이 있으나, 우리나라에는 아직 이런 법이 없다.

개념어 연결하기

단지 선한 행동을 하지 않았다는 이유로 사람을 처벌해도 될까? 착한 사마리아인 법에 찬성하는 이들은 법치주의로 선한 행동까지 강제해야 한다고 본다. 반면에 반대하는 이들은 법치주의는 죄를 묻고, 질서를 유지하며, 안정과 신뢰를 지키는 선까지만 적용해야 한다고 주장한다. 법치주의의 한계는 어디일까?

공법公法 • 형법刑法 • 공소公訴 ••• 민법民法

이야기 속
개념어

삼촌이 경찰에 잡혀간 이유가 궁금했지만 엄마도 아빠도 그리고 똑똑한 작은고모조차도 속 시원하게 내게 설명해 주지 않았다. 재개발과 선거에 쏠렸던 관심이 사라지고 집안 분위기는 급격히 어두워졌다. 누나 말에 의하면 삼촌은 **형법**에 따라 **형사재판**을 받아야 한다고 했다. 곧 **기소**가 되어 머지않아 **공판**이 벌어질 거라고도 했다. 그러면 우리 삼촌은 정말 죄를 지은 **피고인**이 되는 걸까? 할머니께는 삼촌이 여행을 갔다고 거짓말 했고, 늘 있는 일이라 다행히 할머니도 더이상 묻지 않으셨다.

그림으로 읽는 개념어

개념어 사전

공법公法 - 사법私法 - 법인

공법(公法) 공공의 이익과 질서, 안정을 규정한 법. 사법과 상대되는 법으로 헌법, 형법, 행정법, 국제법 등이 공법에 속하며 형사소송, 행정소송은 공법을 근거로 한다.

사법(私法) 개인적인 활동, 경제활동 등을 규정한 법. 공법에 상대되는 개념으로 민법, 상법이 이에 속하며 민사소송은 사법을 근거로 한다.

법인　법률의 주체는 보통 개인인데, 개인 외에 법률적인 권리와 의무의 주체가 되는 단체를 말한다. 법인은 여러 사람이 모인 단체로 구성되는데, 단체라고 무조건 법인이 아니며 법인을 설립하려면 법이 정한 기준에 따라야 한다.

개념어 연결하기　공법公法은 공공의 영역, 사법私法은 개인의 영역을 규정한다. 법률 활동을 하는 주체에는 개인뿐 아니라 법인도 있다. 개인과 법인은 모두 공법과 사법의 적용을 받는다.

형법 – 형사재판 – 피의자 – 피고인

형법　범죄의 종류와 형벌을 정한 법률. 형법으로 정하지 않은 죄는 죄를 묻지 못하며, 처벌하지도 못한다.

형사재판　검사가 범죄자라고 의심되는 사람의 죄를 가리기 위해 법원에 형사소송을 제기하면 열리는 재판.

피의자　수사기관에 의해 범죄자로 지목되어 수사를 받는 사람. 범죄자로 의심은 받지만 범죄자는 아니다.

피고인　형사재판에서 범죄자로 지목되어 형사소송을 당하는 사람.

개념어 연결하기　형법은 대표적인 공법이다. 형법에 따라 열리는 재판을 형사재판이라 한다. 형법에 명시된 죄를 지었다고 수사기관이 의심하는 사람을 피의자라 하고, 수사기관이 범죄자라고 확신할 때 처벌하기 위한 소송의 대상이 되는 사람을 피고인이라 한다.

공소 - 공판 - 기소 - 시효

공소 형사사건(범죄에 관한 사건)에 관해 검사가 법원에 재판을 청구하는 행위.

공판 형사소송에서 공소를 시작할 때부터 소송이 끝날 때까지 모든 과정. 검찰이 공소를 제기해서 시작하고 법원이 최종 결정을 내리면 끝난다.

기소 검사가 법원에 형사사건 피고인에 대한 심판을 요구하는 소송 행위.

시효 일정한 상태가 오랫동안 계속되면 그 상태를 법률로 인정하는 제도. 시효에는 타인의 물건을 오랫동안 소유했는데 되돌려달라고 요구하지 않으면 가지고 있는 사람의 소유로 인정해 주는 '취득시효'와, 장기간 권리를 행사하지 않으면 권리를 행사할 권리를 없애는 '소멸시효'가 있다. 시효를 두는 이유는 법적 안정을 유지하고 오랜 기간이 지나면 법적 판단을 내리기 어렵기 때문이다. 개인 관계뿐 아니라 범죄에도 소멸시효를 두어 일정 기간이 지나면 범죄에 대한 처벌을 하지 못한다. 그러나 반인륜적 범죄일 경우 소멸시효가 없다.

개념어 연결하기 검사가 **공소**를 제기하면 **공판**이 열린다. 공판이 열리면 검사는 피고인에 대해 **기소**를 한다. 그러나 공소를 제기할 수 있는 기간은 무한대가 아니라 **시효**가 있다.

민법 - 민사재판 - 원고 - 피고

민법 일반적으로 사람들이 생활할 때 필요한 재산관계와 가족관계를 규정한 법. 민사재판의 근거가 된다.

민사재판	개인과 개인 간에 발생한 대립과 분쟁을 해결하기 위한 재판. 개인이 민사소송을 제기하면 열린다.
원고	민사재판에서 소송을 제기한 사람.
피고	민사재판에서 원고에 의해 민사소송을 당한 사람.

개념어
연결하기

민법은 대표적인 사법私法이다. 민법에 따라 열리는 재판을 민사재판이라 하는데, 민사재판에서는 소송을 제기한 원고와 소송을 당한 피고로 나뉘어 재판에서 이기기 위해 서로의 주장을 펼치며 다툰다.

3심제도 • 소송 ••• 헌법재판소

이야기 속
개념어

　　　　　　　　　　지방법원에서 첫 번째 재판을 받은 삼촌이 유죄를
선고받았다. 집에는 할머니가 계셔서 아빠와 엄마, 그리고 작은고모를 비롯한
우리들은 집 밖에서만 삼촌 이야기를 한다. "아빠, 그럼 삼촌이 진짜 범죄자가
되는 거에요?" 나는 걱정스럽게 아빠에게 물었다. "아니야. **3심제도**가 있으니
고등법원에서도 안 되면 **대법원**에 **상고**해야지. 대법원에서 판결이 날 때까지
는 유죄로 확정된 게 아니란다. 삼촌이 그렇게 큰 잘못을 한 것은 아니니까 너
무 걱정하지 마라." 물론 삼촌은 **항소**를 했고, 한참 뒤 고등법원에서 다시 재
판이 열린다고 한다.

그림으로 읽는 개념어

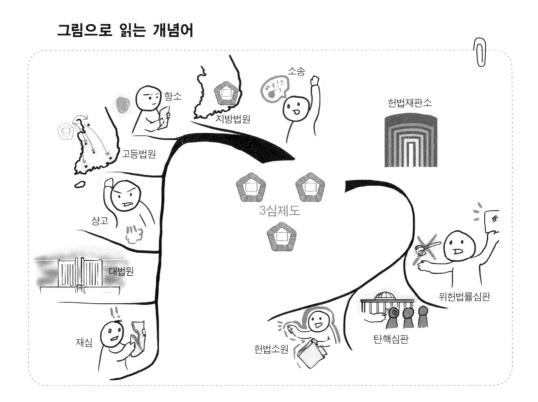

개념어 사전

3심제도 - 지방법원 - 고등법원 - 대법원

3심제도   한 사건의 재판을 3번까지 받을 수 있는 재판 제도. 혹시라도 잘못된 판결로 개인의 권리가 침해당하는 일이 없도록 하기 위해서 같은 사건으로 3번까지 재판을 받을 기회를 준다. 1심은 지방법원, 2심은 고등법원, 3심은 대법원이 맡는다. 지방법원 판결에 불복하면 고등법원에 항소하고, 고등법원 판결에 불복하면 대법원에 상고하게 된다.

지방법원   3심제 재판에서 첫 번째 심사를 맡은 법원.

고등법원 3심제 재판에서 두 번째 심사를 맡은 법원. 서울, 부산, 대구, 광주, 대전에 있다.

대법원 3심제 재판에서 세 번째 심사를 맡은 법원. 법을 구체적으로 해석하고 적용하는 역할을 담당하는 사법부 최고 기관으로, 대법원이 사건을 최종 판단한다.

개념어 연결하기 3심제도를 담당하는 법원이 지방법원, 고등법원, 대법원이다. 1심은 지방법원, 2심은 고등법원, 3심은 대법원이다.

소송 – 항소 – 상고 – 재심

소송 재판으로 법률적 판단을 구하는 절차. 형사소송, 민사소송, 행정소송이 많고 특허소송, 가사소송, 선거소송, 헌법소원 등이 있다.

항소 지방법원의 판결을 받아들이지 않고 고등법원에 재판을 다시 요청하는 행위.

상고 고등법원의 판결을 받아들이지 않고 대법원에 재판을 다시 요청하는 행위.

재심 대법원에서 확정 판결을 받았으나, 판결을 내린 근거에 큰 오류가 드러날 경우 다시 재판을 받는 것.

개념어 연결하기 소송은 재판을 구하는 모든 절차를 가리키며, 항소는 1심에 불복하고 2심에 소송을 제기하는 행위를 말하며, 상고는 2심에 불복하고 최종심인 3심에 소송을 제기하는 행위를 말한다. 만약 3심을 맡은 대법원에서 확정판결을 받은 뒤에도 새로운 사실이 드러나거나, 잘못된 판단이라고 할 만한 확실한 증거가 나타나면 재심을 요청해서 소송을 다시 할 수 있다.

헌법재판소 – 위헌법률심판 – 탄핵심판 – 헌법소원

헌법재판소 헌법을 지키고 적용하며 헌법의 의미를 최종 해석하는 최고의 국가기관. 국민의 기본권을 보장하고 민주주의 질서를 유지하기 위해 존재한다. 위헌법률심판, 헌법소원심판, 탄핵심판과 국가기관끼리 권한을 두고 분쟁이 생겼을 때 진행하는 권한쟁의심판 등을 담당한다.

위헌법률심판 법률이 헌법에 어긋나는지를 판단하는 행위. 우리나라는 헌법재판소가 법률이 헌법에 어긋나는지 심판한다. 법원에서 재판하는 도중에 재판의 기준이 되는 법률이 헌법에 위배된다고 판단하면 위헌법률심판을 요청한다.

탄핵심판 국회의 탄핵이 정당했는지 여부를 심판하는 것. 대통령, 국무총리, 고위공무원, 법관 등이 법을 크게 위반했을 때 국회가 이들을 탄핵하면 헌법재판소가 국회의 탄핵이 정당했는지 심판한다.

헌법소원 헌법정신에 어긋난 법률로 인해 기본권을 침해당했다고 여기는 사람이 직접 헌법재판소에 기본권을 보장해달라고 청구하는 행위.

개념어 연결하기 헌법재판소는 위헌법률심판을 하고, 탄핵심판과 헌법소원이 된 사건을 심의한다. 헌법재판소는 입헌주의를 제대로 지키기 위해 설치한 기관으로, 헌법지킴이라 할 수 있다.

판례 · 국민참여재판 ··· 가정법원

이야기 속
개념어

아빠를 졸라 학교에 빠지고 삼촌의 재판을 보기 위해 법원에 갔다. 처음에는 반대하셨지만 내가 워낙 진지하게 말씀드렸더니 마지못해 허락하셨다. 두근거리는 마음으로 고등법원으로 향했는데(TV에서 보던 법원과는 느낌이 달랐다.) 이번에는 **배심원**이란 사람들이 앉아 있었다. 삼촌이 **국민참여재판**을 신청했는데, 재판부가 받아들였기 때문이라고 했다. 배심원들은 법과 관련된 **판례**나 **조례**를 잘 모르는 비전문가들이지만 건강한 상식을 지닌 시민들로 구성한다고 했다. 국민참여재판 덕분인지 몰라도 다행히 삼촌은 무죄를 선고받았다. 어려움에 처한 사람을 돕다가 발생한 일이었기에 무죄 선고는 당연했다. 착한 사마리아인인 삼촌이 자랑스러웠다.

그림으로 읽는 개념어

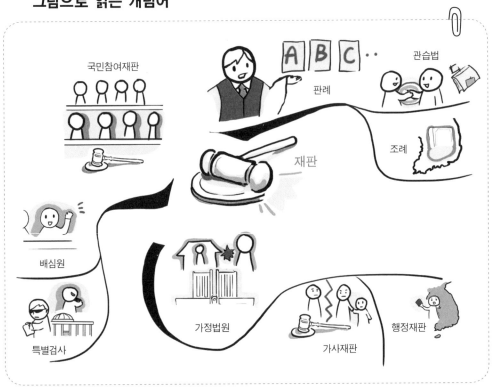

개념어 사전

판례 - 관습법 - 조례

판례 예전에 법원이 특정한 사건을 판단했던 구체적인 사례. 재판에서 내린
결론은 해당 사건에만 적용되지만, 비슷한 재판이 다시 열리면 과거에
내렸던 판결을 참고하게 된다. 이때 현재 재판에서 판결을 내리기 위해
참고하는 과거 재판을 판례라고 한다.

관습법 사람들이 오랫동안 습관처럼 해온 행동양식인 관습을 바탕으로 형성한 법. 국회에서 만든 법이 아니라 사회 구성원들이 습관적으로 지켜 왔던 약속을 말한다. 법에 인간의 모든 행동을 기록할 수 없기 때문에 법원은 법률로 판단을 내리기 힘든 경우 관습에 따르는 경우가 있다. 법이 체계화되면서 관습으로 판결을 내리는 경우는 점점 줄어들고 있다.

조례 지방의회에서 해당 지방에만 적용하기 위해 만드는 법규. 법률이 지시한 바에 따라 조례를 만들기도 하지만, 자기 지방에 필요한 것을 조례로 만들기도 한다.

개념어 연결하기

보통 재판은 법을 근거로 판단하지만 판례나 관습법도 매우 중요한 판단 근거다. 특히 판례는 법을 적용하는 구체적인 사례로 법원에서 재판을 할 때 기준이 되는 경우가 많다. 법으로 모든 것을 정하지 못하기 때문에 관습법도 매우 중요한 기준이다. 조례는 지방의회에서 만드는데 국회에서 만든 법률의 효력 위로는 미치지 못한다. 그러나 조례도 재판의 기준이 된다.

국민참여재판 – 배심원 – 특별검사

국민참여재판 법률 전문가인 검사나 변호사, 판사가 아닌 일반인(배심원)들도 재판의 결정에 참여하는 제도. '배심제도'라고도 한다. 미국이나 영국과 같은 나라에서는 배심원들이 유무죄를 판단하고, 유죄를 결정하면 판사가 처벌 정도를 정한다. 국민참여재판은 다수의 상식을 갖춘 시민이 옳은 결정을 내릴 가능성이 높으며, 국민이 법률생활의 주인이라는 정신이 담긴 재판 제도다.

배심원 재판에서 판결에 참여하는 일반 사람들. 재판을 다루는 미국 영화나 드라마에는 법정에 앉아 있는 배심원들이 꼭 있다.

특별검사 독립적인 변호사로 하여금 수사와 기소를 진행하게 하는 제도. 특별검 사를 임명하는 이유는 고위 공직자가 위법행위를 했을 때, 정권의 영 향을 받는 검찰이 조사를 하면 제대로 조사할 수 없기 때문이다. 대표 적인 예로 미국 닉슨 대통령의 워터게이트 사건이 있다. 닉슨 대통령이 불법을 저지른 워터게이트 사건 같은 경우, 일반적으로 검사는 대통령 의 영향 아래 있기에 대통령을 제대로 조사하기 힘들다. 워터게이트 사 건을 담당한 특별검사는 대통령의 불법을 조사하여 닉슨 대통령을 물 러나게 하는 데 결정적인 기여를 했다.

개념어
연결하기

국민참여재판에서 유무죄를 판단하는 역할을 하는 사람들을 배심원이라 한다. 특별검 사는 검찰청에 속해 있는 검사가 아닌 독립된 변호사가 검사 역할을 하는 것이다. 배심 원, 특별검사는 기존 법관이나 검사가 아니라 시민이 사법부 역할에 참여한다는 공통 점이 있다.

가정법원 – 가사재판 – 행정재판

가정법원 가사재판과 소년범죄만을 전문으로 재판하는 법원. 지방법원과 같은 위치다.

가사재판 이혼, 친자 확인, 입양 등과 같은 문제로 가족들 사이에 다툼이 생겼을 때 열리는 재판. 당사자가 가사소송을 제기하면 열린다.

행정재판 국민이 국가기관의 행정에 문제를 제기하며 소송을 요청하면 열리는 재판.

개념어
연결하기

가정법원에서 하는 재판이 가사재판이다. 행정재판은 행정의 정당성을 다투는 재판이다. 죄를 처벌하고, 이익을 다툴 때만 재판을 하는 것이 아니다. 가정에서 일어난 문제를 다루는 가사재판, 행정의 정당성을 다투는 행정재판 등 재판의 종류는 다양하다.

경제편 127

연계 과목 _ 사회, 도덕, 역사, 기술·가정

누구나 읽기 쉬운 경제 사용 설명서

재화 · 부가가치 · 전자상거래 · 브랜드 ··· 보완재

재판을 받고 나온 삼촌이 딴 사람이 되었다. 삼촌 방에 컴퓨터를 들여놓고 **전자상거래**로 돈을 벌겠다면서 뭔가 일을 시작했다. 항상 우스갯소리로 **자급자족**이니 **물물교환**이니 하면서 경제활동과는 거리가 먼 것처럼 살더니 무엇이 삼촌을 변하게 한 것일까? "이게 **노동생산성** 대비 **이윤**이 최고란다. 뭐니뭐니해도 쉬엄쉬엄 일하면서 돈을 번다는 점에서 **재택근무**가 최고지!" 백화점에서나 볼 법한 **브랜드** 제품이 삼촌 방에 들어섰다. 인터넷 쇼핑몰로 많은 돈을 벌겠다는 삼촌의 시도는 성공할 수 있을까? 가족들의 시선은 기대 반, 우려 반이었다.

그림으로 읽는 개념어

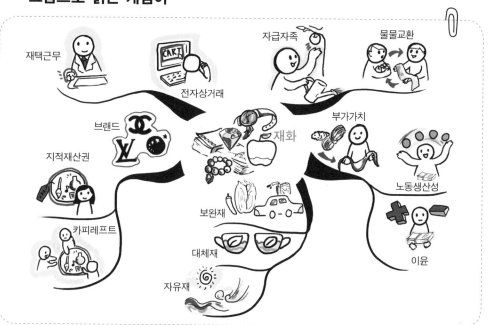

개념어 사전

재화 - 자급자족 - 물물교환

재화 인간 생활에 쓸모가 있어서 돈을 지불하고 구입해야 하는 물건.

자급자족 생활에 필요한 물건을 스스로 만들어서 사용한다는 뜻. 자급자족 경제는 무역을 거의 하지 않고 필요한 재화와 서비스를 대부분 스스로 충당한다.

물물교환 서로가 서로에게 필요한 물건과 물건을 바꾸는 방식으로 하는 거래. 물물교환 방식으로 거래를 할 때 생기는 불편함을 없애기 위해 화폐가 탄생했다.

개념어 연결하기 필요한 재화를 스스로 공급하는 것으로, 재화가 충분하면 자급자족이고, 부족한 재화를 내가 지닌 물건과 바꿔서 얻으면 물물교환이다.

부가가치 – 노동생산성 – 이윤

부가가치 새로운 상품을 만들 때 추가로 창조한 가치. 물건을 판매한 뒤에 생산에 들어간 비용을 제외하고 남는 금액이다.

노동생산성 생산을 할 때 노동자에게 투자한 비용과 생산된 물품 사이에 나타나는 비율. 한 명의 노동자가 생산하는 능력이 어느 정도인지 보여 준다. 노동 강도가 같다면 노동생산성이 높을수록 노동자의 생산 능력이 높다.

이윤 수입 중에서 비용을 빼고 남은 금액. 기업은 이윤을 목적으로 활동하는 집단이다.

개념어 연결하기 재화를 생산하는 과정은 부가가치를 생산하는 과정이다. 노동생산성이 높으면 부가가치도 크다. 부가가치가 크면 이윤도 많이 남는다.

전자상거래 – 재택근무

전자상거래 인터넷을 이용해 물건을 사고파는 행위.

재택근무 회사에 출근하지 않고 집에서 일하는 근무 형태. 정보통신기술이 발달하면서 재택근무가 가능해졌다.

개념어
연결하기

과거에는 시장에서만 물건을 사고팔았지만 디지털혁명이 일어나면서 **전자상거래**가 크게 활성화되었다. 디지털혁명은 전자상거래뿐 아니라 **재택근무**도 가능하게 했다.

브랜드 – 지적재산권 – 카피레프트

브랜드　　시장에서 팔리는 상품이 어떤 회사에서 만들었는지 알리는 명칭이나 상징. 시장에 나온 수많은 물건의 품질과 성능을 일일이 확인하며 살 수 없기에 소비자는 브랜드를 보고 물건을 구입한다. 오늘날에는 브랜드가 원래 목적을 뛰어넘어 남과 다른 구별 짓기, 더 높은 계층이라는 차별화의 상징이 되기도 한다.

지적재산권　　인간이 지식으로 창조한 결과물에 대한 재산권. 카피라이트(Copyright)라고도 하는데 음악, 미술, 출판, 상표, 디자인, 발명품 등에 관한 권한이다. 지적재산권은 창작 욕구를 극대화하는 효과를 발휘하기도 하지만, 지적재산권이 너무 강하면 지식이 나눠지지 않아 발전을 가로막는 걸림돌이 되기도 한다. 더 심각한 것은 대기업의 지적재산권 독점이다. 대기업이 재력으로 지적재산권을 독점하여 경제활동을 지배하려는 경향이 강해 중소기업이나 1인기업이 설 자리를 빼앗기고 있기 때문이다.

카피레프트　　지적재산권에 반대하는 개념으로 지적창작물에 대한 권리는 모든 사람이 함께 나눠야 한다는 생각. 카피레프트(Copyreft)를 주장하는 사람들은 지식은 인류 역사와 사회의 결과물이지 한 사람이 홀로 만

든 창작물로 보지 않는다. 따라서 지적재산권을 보호하기보다 지식을
자유롭게 나누고 함께 누려야 한다고 본다.

개념어
연결하기 기업은 자신이 생산한 재화에 브랜드를 붙여서 판다. 브랜드도 하나의 지적재산권이
다. 카피레프트는 지적재산권에 반대한다.

자유재 - 보완재 - 대체재

자유재   공기, 햇빛, 바람처럼 무한하게 존재하기에 마음껏 사용이 가능한 자
원. 환경오염이 심해지면서 자유재도 돈을 지불하고 사야 하는 경우가
점점 늘어나고 있다. 우리가 일상적으로 먹고 사용하는 물의 경우 예
전에는 완전한 자유재였지만 지금은 돈을 지불하고 사먹어야 한다.

보완재   배추와 고추, 자동차와 휘발유처럼 한 제품의 소비가 늘면 다른 제품
의 소비도 덩달아 느는 관계. 배추와 고추는 김치를 담그기 위해 동시
에 필요하므로 배추 소비량이 늘면 고추 소비량은 자연스럽게 는다.

대체재   커피와 녹차, 소고기와 돼지고기처럼 사람에게 주는 만족감이 비슷해
서 다른 제품의 소비량에 따라 영향을 주고받는 관계의 제품. 소고기
값이 오르면 돼지고기 소비량이 늘고, 돼지고기 값이 오르면 소고기
소비가 는다.

개념어
연결하기 보완재는 서로 도움을 주는 재화끼리 관계를 나타내며, 대체재는 서로 경쟁하는 재화
끼리 관계를 나타낸다. 자유재는 마음껏 사용이 가능한 자원이라 돈을 주고 거래하는
재화에 포함되지 않는다.

국부론 • 보이지 않는 손 • 수요공급법칙 • 희소성 ••• 자본주의

이야기 속 개념어

요즘은 학교에서 돌아오면 삼촌의 강의를 들어야 했다. "아담 스미스가 **국부론**에서 **보이지 않는 손**을 이야기했어. **자본주의**는 보이지 않는 손이 모든 걸 조정하지. 핵심은 **희소성**이야. **부르주아**일수록 희소성이 큰 걸 원하지. 사람들은 **과시소비**를 하고자 하거든. 나는 그것을 노리는 거야." 도대체 무슨 소린지 솔직히 하나도 알아들을 수 없었다. 그러나 아랑곳하지 않고 삼촌의 강의는 이어졌다. "그런데 문제는 아무래도 혼자서는 한계가 있다는 거지. 이럴 때 **분업**을 하면 좋을 텐데. 네가 삼촌을 도와주면 어떻겠니?" 그러니까 도와달라는 말이구나! 도와달라는 말을 쉽게 못 해서 이렇게 어렵게 얘기하다니, 삼촌은 머리가 나쁜 게 분명하다.

그림으로 읽는 개념어

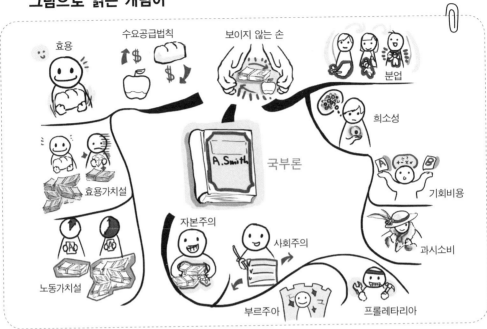

개념어 사전

국부론 - 보이지 않는 손 - 분업

국부론　　경제학의 아버지라 불리는 아담 스미스가 쓴 책으로 자본주의 경제의
　　　　　원리를 밝힌 최초의 책. 모든 경제학 교과서의 기본서로, 자유시장경제
　　　　　가 어떻게 돌아가는지를 체계적으로 밝혔다.

보이지 않는 손　　자유로운 시장에서 가격이 하는 역할을 지칭한 표현. 시장에 정
　　　　　부가 억지로 개입하지 않고 자유롭게 내버려두면 '가격'이라는 보이지
　　　　　않는 손에 의해 저절로 수요와 공급, 그리고 투자와 생산이 가장 효율
　　　　　적인 방향으로 나아간다. 우리가 아침마다 빵을 먹을 수 있는 것은 빵

집 주인의 이타심 때문이 아니라 이익을 보기 위한 이기심 때문이듯, 보이지 않는 손은 세상 사람들이 필요한 물품을 자연스럽게 공급하도록 조절한다.

분업 하나의 결과물을 만들기 위해 여러 사람이 나눠서 일하는 것. 분업은 효율성을 높여 생산량을 증대시키고, 일하는 속도를 높여주며, 한 사람이 할 수 없는 일을 가능하게 한다.

개념어 연결하기 아담 스미스는 국부론에서 보이지 않는 손이 자본주의 경제에 어떻게 영향을 끼치는지, 분업이 얼마나 효율적인지 밝혔다. 보이지 않는 손과 분업은 국부론의 핵심이자, 자본주의 경제 이론의 토대다.

수요공급법칙 – 효용 – 효용가치설 – 노동가치설

수요공급법칙 수요와 공급은 가격을 기준으로 움직이며, 어느 지점에서 균형을 이룬다는 법칙. 수요는 가격이 오르면 줄고 가격이 내리면 증가한다. 반대로 공급은 가격이 오르면 증가하고 가격이 내리면 감소한다. 공급이 많으면 가격이 내리고, 수요가 많으면 가격이 오른다. 그러나 가격이 비싸도 많이 팔리는 명품처럼 수요공급법칙에 어긋나는 경우도 많다.

효용 물건을 사용하고 얻는 개인의 만족도.

효용가치설 물건마다 지닌 효용의 차이가 물건의 가치를 결정한다는 경제학설.

노동가치설 한 물건을 생산하는 데 투입한 노동력 차이가 물건의 가치를 결정한다는 경제학설.

**개념어
연결하기**

수요공급법칙은 보이지 않는 손이 작동하는 법칙 중 하나인데, 재화의 가치가 정해지면 수요공급법칙에 따라 가격과 수요, 그리고 공급이 움직인다. **효용가치설**은 개인의 만족도인 효용이 가치를 결정하고, **노동가치설**은 노동력의 차이가 가치를 결정한다고 본다.

희소성 – 기회비용 – 과시소비

희소성　인간이 지닌 욕구는 크나 그것을 만족시키는 물질의 양은 부족한 상황을 일컫는 경제용어. 제한된 물질로 어떻게 하면 최대한 만족을 얻어낼 수 있을 것인가를 연구하는 학문이 경제학이므로 희소성은 경제학의 핵심개념이다.

기회비용　선택하지 않아서 잃어버리는 이득. 만 원을 쥐고 음식과 게임을 고민하다 게임을 했다면 음식을 먹어서 얻는 이득을 잃어버린 셈인데, 이때 만약 음식을 먹었다면 얻었을 이득을 기회비용이라 한다. 선택을 해야 한다면 되도록 기회비용이 작은 것, 즉 손해가 덜한 걸 선택해야 한다.

과시소비　남에게 잘 보이기 위해 내가 남보다 경제적으로 우월하다는 것을 보여주고 싶어 필요하지 않아도 소비하는 행위. 명품을 사들이고 유명 브랜드 옷을 앞 다투어 사 입는 현상 이면에는 과시소비 심리가 있다.

**개념어
연결하기**

희소성과 **기회비용**은 경제학이 다루는 가장 핵심적인 분야다. 희소성이 없다면 기회비용을 따질 필요가 없다. 희소성 때문에 기회비용을 고려해서 선택해야 한다. **과시소비**는 기회비용을 제대로 따지지 않고 남에게 잘 보이고, 우월함을 드러내기 위한 무분별한 소비다.

자본주의 ↔ 사회주의 - 부르주아 ↔ 프롤레타리아

자본주의 생산수단을 개인적으로 소유하고, 자유로운 시장을 통해 경제활동을 해나가는 경제체제. 자본주의는 효율성은 좋으나 빈익빈 부익부, 환경오염, 경기변화에 따른 불황, 많은 실업자 등이 문제로 나타난다. 이런 문제를 비판하면서 등장한 사상이 사회주의다.

사회주의 자본주의와 달리 생산수단을 개인적으로 소유하는 것을 금지하고 공동으로 소유하며, 생산과 소비를 자유로운 시장에 맡기기보다 계획을 중요하게 여기며, 부를 평등하게 분배하자고 주장하는 사상. 산업혁명 뒤에 노동자들이 빈곤으로 극심한 고통을 겪자 자본주의를 바꾸려는 목적에서 탄생했다.

부르주아 '성 안에 거주하는 부유한 자'라는 의미의 프랑스어에서 유래한 말로 일반적으로 생산수단을 소유한 자본가들을 부르는 용어. 시민혁명 과정에서 부르주아는 봉건귀족을 몰아내는 데 큰 역할을 했다. 노동자들을 지칭하는 용어인 프롤레타리아와 반대되는 개념이다.

프롤레타리아 생산 현장에서 일하는 노동자를 지칭하는 용어. 마르크스가 공산주의를 주장하면서 프롤레타리아가 공산주의 혁명에서 중심이 될 것이라고 주장했다.

개념어 연결하기 자본주의와 사회주의는 경제적인 측면에서 서로 대립하는 이론이며, 부르주아와 프롤레타리아는 계급적으로 서로 대립하는 개념이다.

경공업 · 사회간접자본 ··· 주식

솔직히 나는 백수와 비슷한 삼촌보다 작은고모가 좋다. 작은고모는 **벤처기업**에 다니고 있어서 가끔 용돈도 주고 맛있는 것도 사주기 때문이다. 고모가 다니는 벤처기업은 **실버산업**으로 성공한 **주식회사** 인데 고모는 자기가 다니는 회사의 **주식**도 많이 가지고 있다. 어느 날 아빠가 작은고모에게 삼촌을 부탁하는 말씀을 하시는 걸 들었다. "네가 좀 도와주면 안 되냐?", "저랑 분야가 달라요. 저는 **2차 산업** 쪽이고, 작은오빠는 **3차 산업**이잖아요." 가족끼리 도움을 주면 좋을 텐데, 고모는 칼로 무 자르듯 냉정하게 거절했다. 용돈 주는 고모는 좋지만 너무 냉정한 고모는 좀 싫다.

그림으로 읽는 개념어

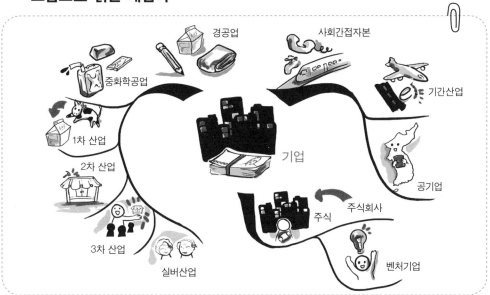

개념어 사전

경공업 – 중화학공업 – 1차 산업 – 2차 산업 – 3차 산업 – 실버산업

경공업   제조업 중에서 무게가 가벼운 생산품을 만드는 산업. 식품, 섬유, 신발, 문구 등 사람들이 직접 소비하는 제품을 만드는 산업으로, 중화학공업에 비해 생산시설이 작은 규모다.

중화학공업   제조업 중에서 무게가 무거운 생산품을 만드는 산업. 철강, 비철금속, 기계, 화학, 석유 등을 생산하는 제품을 만드는 산업. 경공업보다 생산시설 규모가 크다.

1차 산업   자연에서 직접 재화를 생산하는 산업. 농업, 목축업, 임업, 어업 등을 가리킨다.

2차 산업 자연에서 얻은 재화를 가공하여 새로운 제품이나 에너지를 만드는 산업. 제조업, 건축업, 에너지산업, 광업 등을 가리킨다.

3차 산업 1, 2차 산업에서 생산한 제품을 소비자에게 팔거나 각종 서비스를 제공하는 산업. 운수, 통신, 판촉 등을 가리킨다.

실버산업 노년층을 대상으로 상품과 서비스를 제공하는 산업. 고령화 시대가 되면서 실버산업과 관련된 업종이 성장하는 추세다.

> **개념어 연결하기**
>
> 경공업과 중화학공업은 만드는 생산품의 무게를 기준으로 산업의 종류를 구분한 것이다. 1차 산업, 2차 산업, 3차 산업은 생산 활동 내용에 따라 산업을 구분한 것이다. 산업 분야를 나누는 방식은 다양하며, 실버산업은 고령화 시대에 주목받는 업종이다.

사회간접자본 – 기간산업 – 공기업

사회간접자본 국민들이 경제활동을 하는 데 꼭 필요한 공공시설. Social Overhead Capital의 약자로 SOC라 하며, 경제활동을 간접적으로 지원하기에 사회간접자본이라고도 한다. 도로, 항만, 철도, 통신, 전력, 수도 등을 가리킨다.

기간산업 한 나라가 경제활동을 하는 데 반드시 필요한 기초 산업. 제1차 세계대전 때 영국은 독일에서 들어오던 제품이 끊겨서 곤란을 겪었는데, 이때부터 한 나라 경제에서 기본이 되는 산업을 기간산업이라 불렀다. 나라에 따라 조금씩 다르지만 철도, 항만, 항공, 철강, 도로, 통신, 전기, 수도, 에너지 산업, 농업 등을 기간산업이라 한다.

공기업 국민이나 지역주민의 이익을 위해 정부나 지방자치단체가 직간접적으로 소유하거나 운영하는 기업. 공기업은 이윤이 주된 목적이 아니라 국민을 위하는 활동이 주목적이다. 공기업은 안정성이 높아 취업을 원하는 젊은이가 많다.

개념어 연결하기

사회간접자본과 기간산업은 비슷한 개념이지만, 사회간접자본은 시설 자체를 가리키고, 기간산업은 산업 분야를 가리킨다. 공기업은 사회간접자본이나 기간산업을 담당하는 경우가 많다.

주식 – 주식회사 – 벤처기업

주식 주식회사에서 자본을 이루는 단위. 주식을 보유한 사람을 '주주'라 하며 주주는 자신이 보유한 주식만큼 회사에서 권리를 행사한다. 선거에서는 부자나 가난한 사람이나 모두 1인 1표지만, 주식회사에서는 주식이 100만 주인 사람은 100만 표, 주식이 10주인 사람은 10표만 행사한다.

주식회사 주식을 보유한 여러 사람이 모여 만든 회사. 회사를 만들고 운영하는 데는 돈이 많이 들어서 한 사람이 감당하기 어렵다. 여러 사람이 돈을 투자하여 회사를 설립할 경우 위험도 나누고 더 큰 회사를 만들 수 있다. 주식회사는 자본주의 사회에서 가장 일반적인 회사 형태다.

벤처기업 남들에게 없는 기술과 아이디어로 남들이 하지 않는 사업을 위해 설립한 기업. 돈이나 기계가 아니라 사람이 중심인 기업으로 도전정신이 중요하다.

개념어 연결하기

주식을 보유한 사람들이 모여 만든 회사가 주식회사다. 벤처기업은 회사 중에서 자본이나 시설이 아니라 아이디어와 창의성으로 승부를 거는 회사를 가리킨다.

자산·부동산···채권

결혼을 하지 않았지만 우리 가족 중에서 작은고모의 **자산**이 제일 많을 것이다. 고모는 재테크의 귀재다. 중학생인 내가 보기에도 고모는 회사 주식뿐 아니라 **채권**과 **펀드**에 투자를 해서 다른 **금융자산**도 제법 있어 보이기 때문이다. 모르긴 몰라도 **부동산**에도 꽤 투자한 듯 보인다. 그런데 집안 살림에는 돈 한 푼 보태지 않는다. 우리 엄마와 누나가 얄미워할 만하다. 도대체 그 많은 돈은 벌어다 어디에 쓰려고 그러는지 모르겠다. 삼촌 사업을 좀 도와주든지, 아니면 우리 가족이 이 지긋지긋한 동네에서 벗어날 수 있도록 도와주든지. 고모는 전생에 회개하지 않은 스크루지가 분명하다.

그림으로 읽는 개념어

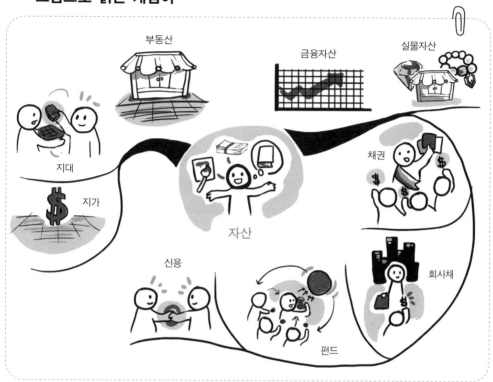

부동산

금융자산

실물자산

지대

지가

자산

채권

신용

회사채

펀드

개념어 사전

자산 – 금융자산 – 실물자산

자산
재산과 비슷하지만 재산보다 넓은 개념으로, 보이는 재산뿐 아니라 보이지 않는 능력이나 가치도 포함한다.

금융자산
은행에 저금한 예금, 주식, 채권 등 눈에 보이지 않는 자산. 경기가 좋으면 주식 값이 오르고 이자율이 높아지기 때문에 금융자산이 이익을 많이 남긴다.

실물자산   부동산, 금, 골동품 등 실제로 모양을 갖춘 자산. 물가가 심하게 오르는 인플레이션 때는 실물자산이 이익을 많이 남긴다.

개념어 연결하기   기업의 자산에는 크게 금융자산과 실물자산이 있다. 여기에 사람을 인적자산이라 하여 금융, 실물, 사람을 3대 자산이라 부른다.

부동산 – 지대 – 지가

부동산   땅과 그 위에 선 건물. 움직이지 않고 그 자리에 계속 머무는 재산이라 하여 부동산이라 한다.

지대   토지를 빌려 사용할 때 지불하는 금액.

지가   토지의 가격 = 땅값.

개념어 연결하기   부동산 중 토지의 가격을 지가, 토지를 빌릴 때 내는 금액을 지대라고 한다.

채권 – 회사채 – 펀드 – 신용

채권   정부, 공공기관, 주식회사, 법인 등이 필요한 돈을 모으기 위해 일반인들에게 일정한 금액을 받고 발행하는 증서. 일종의 빚 문서로 일정한 기간 동안 돈을 빌리고, 빌리는 동안 이자를 지급하며 정한 기간이 되면 원금을 갚아야 한다. 정부가 발행하는 채권을 '국채', 회사가 발행하는 채권을 '회사채'라고 한다.

회사채   회사가 일반인들에게 돈을 빌리기 위해 발행하는 채권.

펀드   많은 사람들에게 돈을 끌어 모아 주식이나 채권에 투자하여 이득을 얻으면 투자자들에게 되돌려주는 금융상품.

신용   사람을 믿고 신뢰한다는 뜻이지만, 경제에서는 돈을 빌려주면 꼭 갚을 거라는 믿음, 그 회사 물건은 믿고 쓸 만하다는 믿음, 그 나라 화폐는 안정적이라는 믿음 따위를 가리킴. 경제활동에서 신용은 생명이며 신용이 없으면 경제활동이 거의 불가능하다.

개념어 연결하기

회사채는 회사가 발행하는 채권이다. 돈이 있는 사람들은 펀드를 구성해서 채권이나 주식을 사고, 회사는 채권과 주식을 통해 기업 운영에 필요한 돈을 마련한다. 채권, 펀드 등 돈을 주고받는 거래에서는 신용이 가장 중요하다.

경기변동 · 중앙은행 ··· 물가지수

이야기 속
개념어

"**물가지수**를 보면 물건값이 얼마 안 올라야 하는데, 물건 가격은 하루가 다르게 오르니 완전히 **인플레이션**인가 봐요." 엄마가 투덜거렸다. "불황에 물가까지 오르니 **스태그플레이션**에 가깝다고 봐야지." 아빠가 수정해주었다. 요즘 두 분이 나누는 대화는 대부분 경제적인 어려움에 관한 것이다. 우리 집 경제가 어렵나? 자세한 사정도 모르는데 괜히 걱정만 커졌다.

그림으로 읽는 개념어

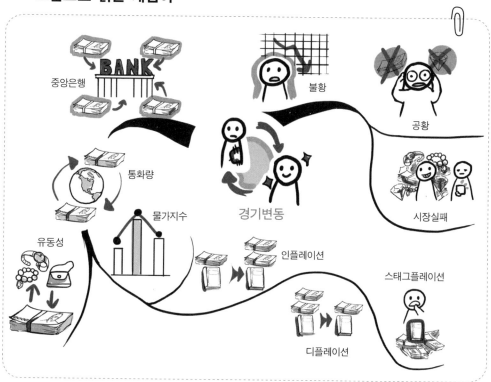

중앙은행

BANK

불황

공황

통화량

시장실패

경기변동

물가지수

유동성

인플레이션

스태그플레이션

디플레이션

개념어 사전

경기변동 – 불황 – 시장실패 – 공황

경기변동 경제활동이 왕성하게 움직이다가 움츠러들고, 다시 왕성하게 움직이다가 움츠러들고를 반복하는 현상. 호황과 불황이 교대로 진행되는 현상으로 '경기순환'이라고도 한다. 자본주의 경제에서 경기변동은 늘 존재한다.

불황 호황의 반대말로 생산이나 소비가 잘 이뤄지지 않아 경제의 흐름이 좋지 않은 상태. 자본주의 경제는 호황과 불황을 오르락내리락한다.

공황 경제활동이 크게 위축되고 실업자가 증가하면서 경제가 혼란에 빠진 상태. 1929년 미국의 대공황이 가장 대표적이다. 대공황 당시에는 창고에 먹을 것과 상품이 넘쳐나는데도 거리에는 실업자로 가득했다. 물품이 부족해서 공황이 오는 게 아니라, 생산은 많은데 소비가 생산을 따라가지 못해서 공황이 발생한다.

시장실패 자유로운 시장이 제대로 작동하지 않아 자원도 비효율적으로 분배되고, 불평등도 심화되어 경제에 문제가 생기는 상태. 보이지 않는 손만 믿고 시장에 무조건 맡기면 시장실패가 발생할 수 있기 때문에, 이런 경우에는 정부가 시장실패를 방지하기 위해 시장에 개입해야 한다.

개념어 연결하기 경제는 좋다가 나쁘고, 나쁘다가 좋기도 한데 이런 과정을 경기변동이라 한다. 불황은 경기변동의 한 현상이다. 불황이 극심해져 공황에 빠지면 보이지 않는 손에 의해 움직이는 시장이 잘 작동하지 않게 되는데 이를 시장실패라고 한다.

중앙은행 - 통화량 - 유동성

중앙은행 한 나라의 은행 중에서 가장 높은 자리를 차지하는 은행을 지칭하는 개념. 우리나라는 한국은행이 중앙은행이다. 중앙은행은 크게 세 가지 역할을 하는데 ① 한 나라의 화폐를 발행하고, ② 은행들의 돈을 관리하는 '은행 위의 은행' 역할을 하며, ③ 정부에 돈을 공급하고 관리하는 '정부의 은행' 역할을 한다.

통화량 세상에 돌아다니는 돈의 양. 통화량이 많으면 쓸 돈이 많아져서 경제는 좋아지나 물가가 오르고, 통화량이 적으면 물가는 내리지만 필요한 돈이 부족해 경제가 나빠진다. 통화량은 적절한 규모여야 한다.

유동성 돈으로 곧바로 바꿀만한 재산을 가진 정도. 기업이 유동성이 낮으면 위기 상황에서 돈이 부족해 부도가 날 수도 있다. 사회 전체적으로 유동성이 너무 낮으면 경제가 안 좋아지고, 유동성이 너무 높으면 인플레이션이 발생한다.

개념어 연결하기 중앙은행은 나라 경제에서 화폐를 관리하는 역할을 한다. 중앙은행은 경기변동에 따라 통화량을 조절하는데, 경기가 좋지 않을 때에는 유동성을 높여 경제가 활발하게 돌아가도록 유도하고, 경기가 잘 돌아갈 때에는 물가인상을 막기 위해 유동성을 줄이는 정책을 편다.

물가지수 – 인플레이션 ↔ 디플레이션 – 스태그플레이션

물가지수 물가가 얼마나 올랐는지를 알려주는 수치. 물가가 너무 오르면 서민들이 살기 어렵기 때문에 정부는 물가를 안정시키기 위해 노력한다.

인플레이션 물가가 많이 오르는 현상. 물가가 너무 많이 오르면 같은 돈으로 살 수 있는 물건이 줄어드므로 화폐 가치가 떨어진다. 예를 들어 과거에는 5,000원으로 살 수 있는 책을 현재는 10,000원으로 사야 한다면 화폐 가치가 50%로 떨어진 셈이다. 인플레이션은 통화량이 많거나 경제가 너무 좋을 때 발생한다.

디플레이션 인플레이션과 반대 현상으로 물가가 떨어지는 현상. 경제 상황이 좋지 않거나 통화량이 줄어들면 물가가 떨어진다. 물가가 떨어지면 좋을 것 같지만 경제 상황이 악화되어 서민 생활이 힘들어진다.

스태그플레이션　경제 상황은 좋지 않은데 물가는 오르는 현상. 원래 경제 상황이 나쁘면 물가가 떨어지고, 경제 상황이 좋으면 물가가 오른다. 그런데 경제 상황은 좋지 않은데 물가가 오르기도 한다. 이런 현상을 스태그플레이션이라고 한다. 경제 상황이 좋지 않아 수입은 줄어드는데 물가는 오르는 상황이니 서민들이 살아가기에 최악의 상태다.

개념어
연결하기

물가지수가 너무 높으면 인플레이션이라 하고, 물가지수가 마이너스를 기록하면 디플레이션이라 한다. 보통 경기 흐름이 너무 좋으면 인플레이션이 일어나고, 반대로 경기 흐름이 너무 나쁘면 디플레이션이 일어난다. 스태그플레이션은 경기가 나쁜데 물가도 오르는 현상으로, 최악의 경제 상황이다.

혼합경제체제 · 경제활동인구 ··· 경제성장률

이야기 속
개념어

우리 집에서 **경제활동인구**에 포함되는 사람은 아빠와 작은고모다. 솔직히 말해서 삼촌은 경제활동인구에 포함되는지, **비경제활동인구**에 포함되는지 아직은 잘 모르겠다. 뭔가 하는 것 같기는 한데 돈을 쓰기만 할 뿐 벌어오지는 않으니 우리 집의 **경제성장률**에 전혀 도움이 되지 않는 사람이다. 내 평생소원 중 하나가 삼촌한테 용돈 받아 보는 거다. 아니 용돈은 안 받아도 좋으니 삼촌이 내게 빌려 간 돈이라도 받으면 좋겠다.

그림으로 읽는 개념어

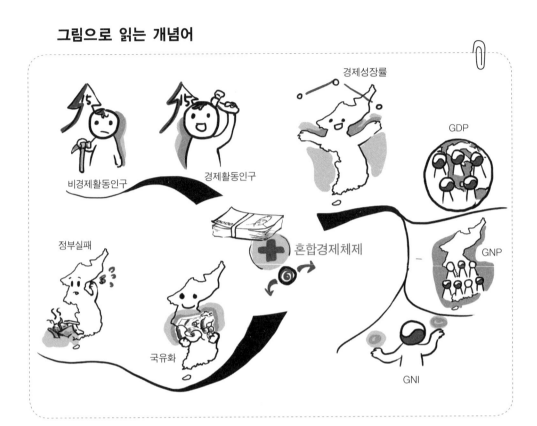

개념어 사전

혼합경제체제 – 국유화 – 정부실패

혼합경제체제　　자본주의와 사회주의 경제의 단점을 보완하고 장점을 살리기 위해 자본주의와 사회주의의 장점을 혼합한 경제 형태. 자본주의의 사적 소유와 경쟁이 발휘하는 장점은 살리고, 사회주의 경제의 장점인 계획성과 복지확대를 결합한 형태. 혼합경제체제의 장점을 극대화한 대표적인 국가가 스웨덴, 덴마크, 핀란드와 같은 북유럽국가들이다.

국유화   회사나 개인 재산을 국가의 재산으로 만드는 행위. 공산주의 국가에서는 대부분의 산업을 국유화했다. 자본주의 국가에서도 발전소, 공항, 항만, 철도처럼 공공의 이익에 필요한 경우 국유화를 한다.

정부실패   정부가 시장에 개입을 했는데 더 나쁜 결과가 일어난 현상. 시장실패와 반대 개념이다.

개념어 연결하기   오늘날 자본주의는 정도의 차이가 있지만 대부분 혼합경제체제다. 혼합경제체제에서는 국유화한 산업이 꽤 많다. 정부가 시장에 개입하는 혼합경제체제는 시장실패를 극복하기 위한 시도지만, 정부실패가 일어나 경제가 더 악화하는 경우도 있다.

경제활동인구 – 비경제활동인구

경제활동인구   만 15세 이상인 사람 중에서 경제활동을 하고 싶고, 경제활동을 할 만한 능력을 갖춘 사람. 일할 능력을 갖췄으나 일할 의지가 없다면 경제활동인구가 아니다. 일할 뜻이 없는 사람은 일을 하지 않더라도 실업자가 아니다.

비경제활동인구   만 15세가 넘은 사람 중에서 일할 의지가 없거나, 일할 능력이 없어서 경제활동을 하지 않는 사람.

개념어 연결하기   혼합경제체제를 관리하는 국가는 되도록이면 경제활동인구를 늘리고, 비경제활동인구를 줄이려고 한다. 경제활동인구가 늘어야 경제가 활성화하기 때문이다.

경제성장률 – GNP – GDP – GNI

경제성장률 한 나라의 경제가 일정 기간(보통 1년) 동안에 얼마나 성장했는지를 나타내는 비율.

GNP 국민총생산. 1년 동안 한 나라 국민이 생산해서 시장에서 사고 팔린 최종 생산물의 가치. 예를 들어 쌀을 500원에 사서 과자를 만들어 1,000원에 팔았다면 GNP에는 1,000원만 포함한다. 우리나라 기업이 외국에 진출해 벌어들인 돈은 포함하지만, 외국인 노동자가 우리나라에서 한 활동은 포함하지 않는다.

GDP 국내총생산. 1년 동안 한 나라 안에서 생산해서 시장에서 사고 팔린 최종 생산물의 가치. GNP와 달리 우리나라 안에서 활동하는 외국 기업이나 노동자의 생산 활동은 포함하지만, 우리나라 사람이 외국에서 생산 활동을 한 가치는 포함하지 않는다.

GNI 국민총소득. GNP에 무역에서 본 이익과 손실을 반영하여 산출한 것. 국민들이 삶에서 체감하는 소득 수준을 나타낸다.

개념어 연결하기

보통 한 나라 경제가 성장한 수준을 경제성장률로 나타낸다. GNP, GDP, GNI는 경제성장률을 계산할 때 근거가 되는 여러 가지 지표다. GNP는 어느 나라에서 경제활동을 하던 관계없이 우리나라 국민이 생산한 것이면 모두 포함하고, GDP는 국적에 상관없이 우리나라 영토 안에서 생산된 것만 포함한다. GNI는 GNP에 무역활동으로 본 손해와 이익을 반영하여 계산한 것이다.

재정 · 조세 ··· 외채

이야기 속
개념어

드디어 엄마가 작정하신 듯 작은고모에게 생활비 이야기를 꺼내셨다. "고모!! 우리나라 **재정** 못지않게 우리 집도 **재정적자**가 심각하답니다. 그러니 작은고모도 생활비를 내면 좋겠네요." 순간 아빠와 누나, 그리고 삼촌과 나까지 숨을 죽였다. 작은고모가 어떻게 나올지 궁금해서였다. 그런데 의외로 고모가 심드렁하게 대답했다. "알았어요. 제가 먹고 생활한 만큼은 낼게요." 엄마가 눈 하나 깜짝 하지 않고 다시 말씀하신다. "그건 안 되죠. **누진세**라 해서 소득이 많은 사람이 세금도 많이 내잖아요. 그러니 돈을 많이 버는 작은고모가 더 많이 내세요."

그림으로 읽는 개념어

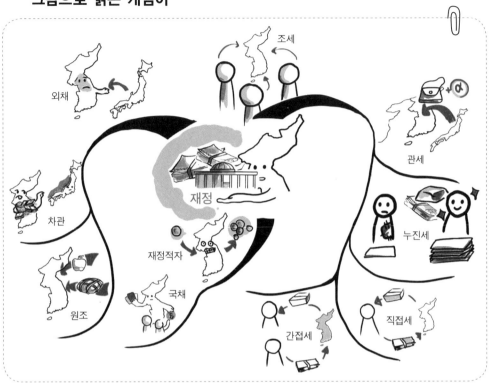

개념어 사전

재정 – 재정적자 – 국채

재정   국가, 공공단체, 지방자치단체 등이 공공의 요구를 만족시키기 위해 하는 경제활동.

재정적자   재정에서 수입보다 지출이 더 많은 경우. 재정적자가 생기면 중앙은행에서 돈을 빌리거나 국채를 발행해서 적자를 메운다. 재정적자가 심해지면 나라가 파산하기도 한다.

국채   국가가 필요한 돈이 부족할 때 이를 보충하기 위해 발행하는 채권. 채권을 산 사람들에게 일정한 기간 동안 이자를 지급하고 채권에 표시된 지급일의 기한이 되면 원금을 갚는 형식이다. 일반 회사에서 발행하는 회사채에 견줘 안정성이 높지만, 국채를 너무 많이 발행하면 국가의 빚이 많아지기 때문에 신중해야 한다.

개념어 연결하기   재정이 부족한 상태를 재정적자라 한다. 재정적자가 생기면 국채를 발행해서 부족한 자금을 채운다. 국가가 새로운 사업을 시작할 때 조세 수입이 부족하면 국채를 발행하기도 한다.

조세 – 관세 – 누진세 – 직접세 ↔ 간접세

조세   국민들에게서 걷는 세금.

관세   외국에서 수입한 상품에 매기는 세금. 관세가 지나치게 높으면 무역이 제대로 활성화되지 않고, 관세가 지나치게 낮으면 국내 산업이 큰 피해를 보므로 적절한 관세를 유지해야 한다. 공항에 가면 면세점이 있는데 면세점은 관세를 매기기 전 가격으로 판매하기 때문에 국내 시장보다 가격이 저렴하다.

누진세   소득이 높을수록 세금을 걷는 비율도 높아지는 세금. 높은 소득을 올리는 사람에게 더 많은 세금을 부과하여 빈익빈 부익부 현상을 막기 위한 세금제도다. 공정한 사회를 위해서는 누진세가 바람직하다.

직접세   세금을 실제로 책임지는 사람과 나라에 내는 사람이 일치하는 세금. 돈을 벌어들인 만큼 세금을 내므로 소득이 많은 사람은 세금을 많이 내고, 소득이 적은 사람은 세금을 적게 낸다. 따라서 소득 수준에 따라 세금을 부담한다.

간접세 세금을 실제로 책임지는 사람과 나라에 내는 사람이 일치하지 않는 세금. 11,000원짜리 물건을 사면 부자나 가난한 사람이나 똑같이 1,000원을 부가가치세로 낸다. 이렇게 걷어진 세금을 기업주가 나라에 내는데 세금을 부담하는 사람과 내는 사람이 달라서 간접세라고 한다. 간접세는 부자나 가난한 사람이나 똑같이 부담하게 되어 소득이 적은 사람에게는 부담이 큰 세금이다. 소득에 맞게 세금을 걷는 게 옳기 때문에 세금은 간접세보다 직접세로 걷는 게 바람직하다.

개념어 연결하기

조세는 재정에서 수입의 핵심이다. 조세 중에서 외국 상품에 매기는 세금을 관세, 돈을 더 많이 벌수록 세금을 많이 내게 하는 것이 누진세다. 직접세는 소득이 높은 사람이 세금을 많이 내고, 소득이 낮은 사람은 세금을 적게 내게 하는 공평한 세금 제도다. 보통 직접세와 누진세를 결합해서 시행한다. 간접세는 소득과 상관없이 물건을 구입할 때 일괄적으로 세금을 내도록 되어 있어 직접세보다 상대적으로 불공평한 세금이다. 경제가 올바르게 발전한 나라일수록 간접세보다 직접세 비율이 높고, 누진세를 강력하게 시행한다.

외채 - 차관 - 원조

외채 외국에서 돈을 빌려 쓴 뒤에 진 빚.

차관 다른 나라 정부로부터 빌리는 돈. 제2차 세계대전이 끝난 뒤 선진국들이 개발도상국들의 경제개발을 지원하기 위해서 필요한 돈을 빌려주었다. 우리나라도 미국을 비롯한 선진국의 차관으로 경제개발을 했지만, 경제개발에 성공해 차관 대상국에서 벗어났다.

원조   경제적으로 어려운 나라에게 선진국에서 각종 물자, 돈, 기계, 기술 등을 무상으로 제공하는 행위. 제2차 세계대전 후 미국은 세계 곳곳에 원조를 해서 자본주의 국가를 보호했다. 원조는 무조건 도움이 되는 것처럼 보이지만, 도움을 받는 나라의 상황에 맞지 않은 원조는 오히려 해를 끼치기도 한다.

개념어 연결하기

외채는 외국에 진 빚이다. 우리나라가 가난했을 때는 다른 나라 정부에서 차관을 많이 빌려왔고 외채의 대부분이 차관이었다. 요즘은 은행이나 기업이 외국에서 돈을 빌릴 때에는 외국의 금융기관에서 돈을 직접 빌려오거나, 외국인에게 주식이나 채권을 판매한다. 원조란 차관을 빌려오기도 힘들 정도로 가난한 후진국에 잘 사는 나라들이 아무런 대가 없이 도움을 주는 것이다.

교역 · 비교우위 · 국제수지 ··· 다국적기업

이야기 속
개념어

"그건 부당해요." 작은고모 말에 힘이 들어갔다. "뭐가 부당하죠? 지금 이 집 살림은 거의 준호 아빠가 벌어 오는 돈으로만 유지해 왔어요. 그거야말로 부당한 거 아닌가요? 우리 집 경제는 **모라토리엄**을 넘어 **디폴트**에 빠질 지경이라고요." 엄마도 지지 않았다. "그럼 작은오빠도 돈을 내야죠." 작은고모가 삼촌을 끌어들이며 물귀신 작전을 폈다. 삼촌이 변명하듯 한마디 한다. "흐흠. 요즘 **환율** 차이를 이용해 인터넷 **중계무역**을 시도 중이야. 그게 성공하면 생활비 낼게. 그 전까진 좀 봐줘." 삼촌은 저자세로 고모의 물귀신 작전에서 빠져 나갔다. 음, 삼촌이 인터넷 쇼핑몰을 하는 게 아니었나?

그림으로 읽는 개념어

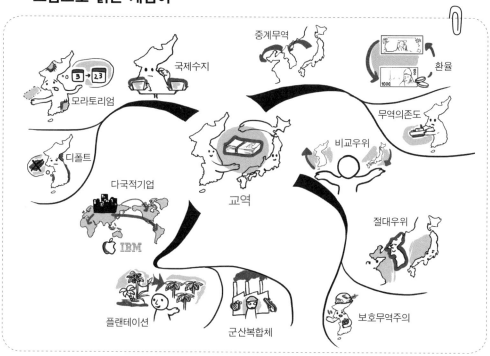

중계무역

국제수지

환율

모라토리엄

무역의존도

디폴트

비교우위

다국적기업

교역

절대우위

IBM

플랜테이션

군산복합체

보호무역주의

개념어 사전

교역 - 중계무역 - 환율 - 무역의존도

교역   나라와 나라끼리 물건을 사고파는 일. 무역과 같은 말이다.

중계무역 A라는 나라에서 물건을 사서 B라는 나라로 곧바로 다시 파는 형태의
         무역. 구입한 금액과 되파는 금액 사이의 차이만큼 이득을 얻는다. 싱
         가포르, 홍콩처럼 교통 여건이 좋고 무역 장벽이 낮으며 자체 생산능력
         은 부족한 나라들이 많이 한다.

환율   한 나라 통화와 다른 나라 통화를 교환하는 비율. 환율이 달러당

1,200원이면 1달러를 얻으려면 1,200원을 줘야 한다. 환율이 높으면 외국에 싸게 팔 수 있으므로 수출에 유리하고, 환율이 낮으면 수입 물가가 떨어지기 때문에 국내 물가를 안정시키는 데 좋다.

무역의존도   나라 전체 경제에서 무역이 차지하는 비중. GNP와 수출입 금액을 견줘서 계산한다. 무역의존도가 높으면 다른 나라 상황에 따라 자국의 경제가 크게 영향을 받으므로 지나치게 무역의존도가 높으면 좋지 않다. 우리나라는 세계에서 손꼽힐 정도로 무역의존도가 높다.

개념어 연결하기
요즘의 세계 경제는 과거 그 어느 때보다 교역이 활발하다. 중계무역도 교역의 한 종류인데, 교역은 환율의 영향을 크게 받는다. 수출을 늘리려는 나라들은 종종 환율을 높이려는 경우가 많다. 한 나라의 경제에서 교역이 차지하는 비율을 무역의존도라 한다.

비교우위 - 절대우위 - 보호무역주의

비교우위 둘 이상의 생산능력을 견줘서 가장 뛰어난 생산능력을 선택하는 것. 자유무역이 두 나라 모두에게 이익이라는 점을 설명하는 개념이다. 예를 들어 박지성이 나보다 축구와 청소를 모두 잘한다고 하자. 박지성이 축구와 청소를 모두 하는 것이 이익일 듯하지만 아니다. 박지성은 청소보다 축구를 할 때 훨씬 큰 수입을 얻으므로 청소는 나에게 맡기고 축구를 하는 것이 훨씬 낫다. 자신이 잘하는 모든 것을 하기보다 비교해서 우위에 있는 걸 해야 가장 큰 이득을 얻는다. 박지성은 축구에 비교우위가 있으니 박지성은 축구를 하고, 나는 청소를 하면 둘 다 이익이다. 무역에서도 마찬가지인데 자유무역은 무역을 하는 모든 나라에게 이득이 된다. 그러나 이론적으로는 비교우위 이론이 맞지만, 현실적으로는 자유무역을 하면 서로 이익이 되지 않고 선진국만 이익을 얻는 경우가 더 많다.

절대우위 어떤 제품을 생산하는 능력이 다른 나라와 비교했을 때 절대적인 경쟁력을 갖추었음을 나타내는 말. 아담 스미스는 절대우위를 갖춘 상품으로 서로 교환하는 무역을 하면 서로에게 이득이라고 했지만, 리카르도는 비교우위란 개념으로 절대우위가 아니더라도 무역이 서로에게 이득이라고 주장하였다.

보호무역주의 자국의 산업을 보호하기 위해 외국 상품이 들어오는 걸 막아야 한다는 생각. 자유롭게 무역을 하게 할 경우 후진국은 선진국에 뒤쳐질 수밖에 없다. 그렇기 때문에 후진국 정부는 여러 가지 방법으로 자국의 산업을 보호하려고 한다. 일반적으로 선진국들은 자유무역주의를 주장하지만, 선진국들도 경쟁력이 약한 분야는 보호하려 하고 경쟁력이 강한 분야만 자유무역을 하려는 경향이 강하다.

개념어 연결하기

절대우위일 때만이 아니라 비교우위일 때도 무역이 서로에게 이익이라는 이론이 나오면서 자유무역이 더 활발하게 된다. 그러나 겉으로는 비교우위를 내세우며 자유로운 무역을 주장하면서도 실제로는 보호무역주의로 흐르는 경우가 많다. 이는 비교우위가 이론으로는 그럴듯하지만, 현실에서는 절대우위가 아닌 경우에는 손해를 입는 경우가 많기 때문이다.

국제수지 - 모라토리엄 - 디폴트

국제수지 국제무역을 한 결과 나타나는 이익과 손해. 국제수지는 수입과 지출이 균형을 이룰 때 가장 바람직하다고 한다. 국제수지는 경상수지와 자본수지를 더한 값이다. 상품을 수입하고 수출을 한 결과를 따지는 것이 무역수지며, 경상수지는 무역수지를 포함하여 보험료, 여행비용, 특허권 사용료 등 무역과 관련 없이 외국돈이 오간 모든 거래 내역을 합하여 산출한다. 자본수지는 자본 투자에 따른 이익과 손해를 따진다.

모라토리엄 빚을 진 국가가 때 맞춰 빚을 갚지 못한다고 선언하는 것. 모라토리엄을 선언하면 빚을 갚아야 할 날짜에 빚을 갚지 않고 나중에 빚을 갚아도 된다. 그러나 모라토리엄을 선언한 뒤에는 다른 나라에서 돈을 빌릴 수 없고, 무역을 할 때도 현금으로만 거래를 해야 하며, 제대로 물건을 수입하기도 어렵다. 물가는 오르고, 실업자는 늘어나게 되어 나라의 경제가 위기에 몰리게 된다. 우리나라의 경우 석유와 식량을 꼭 수입해야 하는데, 모라토리엄을 선언한다면 어떻게 될까? 생각만 해도 아찔하다. 과거 멕시코, 브라질, 아르헨티나, 말레이시아, 두바이, 아이슬란드 등이 모라토리엄을 선언한 바 있다.

디폴트 빚을 진 국가나 회사가 더 이상 빚을 갚지 못한다고 선언하는 것. 빚을 더 이상 갚지 않겠다고 선언하면 회사는 부도가 나고, 국가도 거의 부도 상태에 빠진다. 한마디로 망하는 것이다. 디폴트를 선언하면 모든 대외 거래가 중단되고, 국제금융기관 등에서 돈을 빌려 나라 경제를 다시 일으켜야 한다. 물론 그 과정에서 모라토리엄을 선언할 때보다 훨씬 큰 고통과 시련이 나라 전체에 닥친다.

개념어 연결하기 국제수지가 심각하게 나빠져 더 이상 돈을 갚을 수 없거나, 국가 재정이 막대한 적자를 떠안으면 모라토리엄을 선언하고 돈 갚는 것을 일시 중지한다. 아예 돈을 갚을 능력이 없으면 디폴트를 선언하고 국가 부도 상태가 된다.

다국적기업 - 플랜테이션 - 군산복합체

다국적기업   여러 나라에 회사를 거느리고 국제적인 규모에서 생산과 판매 활동을 하는 기업. IBM, GE, GM, 마이크로소프트, 애플, 삼성, 현대 자동차, 코카콜라 등 거대 기업들은 대부분 다국적기업이다. 다국적기업은 세계 무역을 장악하고, 세계 경제에 큰 영향을 끼친다.

플랜테이션   제국주의 국가들이 식민지에서 강제로 실시했던 농업으로 넓은 지역에서 한 개의 작물만을 재배하게 하는 농업 형태. 커피, 카카오, 사탕수수, 담배, 차 등 서구에서 대규모로 소비하는 농작물을 재배했는데, 서양에는 이득이었지만 식민지에는 큰 피해를 끼쳤다. 플랜테이션은 병충해에 취약하고 농민들이 수입 농산물을 먹어야 하며, 자신이 재배한 농작물을 저렴하게 팔아야 하기 때문에 항상 가난했다.

군산복합체   높은 지위의 군인들과 무기를 생산하는 대규모 기업(군수산업)들이 밀접하게 연결되어 있다는 점을 지적한 용어. 미국의 아이젠하워 대통령이 "미국의 민주주의는 군산복합체라는 크고 나쁜 세력에게 위협받는다."면서 알려진 용어로, 세계 곳곳에서 일어나는 전쟁 뒤에는 군산복합체가 무기를 팔아 이득을 얻으려는 음모가 있다고 한다.

개념어 연결하기

다국적기업이 세계무역을 장악하고 있다. 다국적기업은 세계 곳곳에 공장과 회사를 세워 세계경제와 무역을 지배한다. 과거 제국주의 시대에는 가난한 나라에서 **플랜테이션** 농업을 하게 하여 부자인 나라가 막대한 이득을 취했는데, 아직도 플랜테이션 방식의 농업이 다국적기업에 의해 세계 곳곳에서 행해진다. **군산복합체**는 군수산업과 고위 군인들이 결합한 집단으로 세계평화를 위협한다. 다국적기업, 플랜테이션, 군산복합체는 모두 세계경제가 건강하게 발전하는 데 방해가 되는 존재들이다.

세계화 · IMF · OECD ··· 자원민주주의

이야기 속
개념어

　　　　　　　　　　　"이제 그런 황당한 사업 그만할 수 없어? 저 방에 물건들은 언제 처분할 건데?" 작은고모가 삼촌을 몰아붙였다. "OECD 국가보다는 BRICS 쪽을 알아보는 중이야. FTA도 내게 유리한 기회가……." 삼촌의 말이 끝나기도 전에 고모가 말을 끊고 소리를 질렀다. "그만 좀 해! 그런 공상은 그만하고 진짜 일을 하라고." 에고고, 경제가 어려워지니 우리 집안이 콩가루가 되가는 건 아닌지…….

그림으로 읽는 개념어

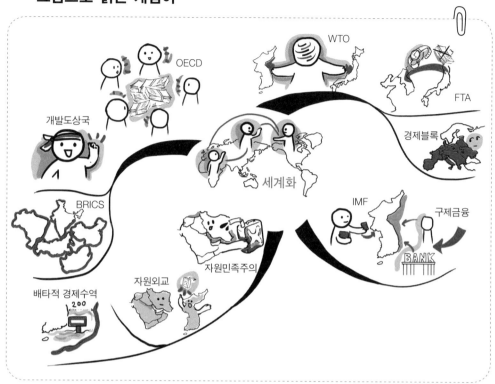

개념어 사전

세계화 - WTO - FTA - 경제블록

세계화   교통과 통신이 발달하면서 세계가 하나의 거대한 단일 시장처럼 되어
가는 현상. 세계화로 인해 선진국과 다국적기업들은 큰 이득을 보지만
가난한 나라나 중소기업은 어려움을 겪는다. 세계화에 반대하는 사람
들이 갈수록 느는 이유는 세계화가 소수에게만 부를 집중시키고 다수
를 빈곤하게 만들기 때문이다.

WTO 세계무역기구. 국제무역을 확대하고, 나라끼리 벌어지는 무역 분쟁을 해결하기 위해 설립한 국제기구다. 무역에 관한 한 국제사회에서 UN과 같은 지위를 누린다.

FTA 자유무역협정. 상품과 자본이 두 나라 사이에서 자유롭게 이동하도록 관세를 비롯한 각종 규제를 제거하여 서로 하나의 나라처럼 자유롭게 무역을 하도록 나라끼리 맺은 협정. 한미FTA가 대표적이다.

경제블록 사이가 좋은 국가끼리 힘을 합쳐 만든 경제 동맹 또는 경제 공동체. 자기들끼리는 경제 교류를 활발히 하지만, 그 외 국가는 차별대우를 하는 등 부정적인 부분이 많다.

**개념어
연결하기** 경제의 세계화를 관리하고 세계무역을 더욱 활발하게 만들기 위해 WTO를 만들었다. WTO가 세계적인 차원의 무역을 활성화하고 관리하는 역할을 한다면, FTA는 두 나라 사이에서 무역을 더 활발하고 자유롭게 하기 위해 맺는 협정이다. 경제블록은 두 나라 이상이 단합해 자기들끼리는 무역을 자유롭게 하면서, 그 외 국가는 차별대우를 한다.

IMF – 구제금융

IMF 국제통화기금. 세계무역이 안정적으로 이루어지도록 지원하고 협의하는 국제금융기구. 1997년 12월 우리나라에 구제금융을 제공하면서 우리나라 사람들이 피부로 체험하게 된 국제금융기구다.

구제금융 기업, 은행, 국가, 개인 등이 파산 위기에 처했을 때 이들을 도와주기 위해 지원하는 자금. 우리나라는 1997년에 외화가 부족해 IMF로부터 구제금융을 받았으며, 구제금융을 갚기 위해 금모으기 운동을 펼치기도 했다.

**개념어
연결하기**
IMF는 세계무역을 안정적으로 지원하기 위해 존재하는 기구로, 모라토리엄이나 디폴트 위기에 빠지거나 선언한 국가에 구제금융을 제공한다. 1997년 우리나라는 디폴트 위기에 빠져 IMF에 구제금융을 받았고 모든 국민들이 큰 어려움을 겪었다.

OECD – 개발도상국 – BRICS

OECD   경제협력개발기구. 초기에는 선진국들이 모여서 서로 경제협력을 논의하는 기구였으나, 점차 개발도상국에도 가입을 허락하는 중이다. 우리나라는 1996년에 29번째 회원국으로 가입했다.

개발도상국   유럽, 미국, 일본 등의 선진국보다 산업 발전이 뒤떨어진 나라. 아시아, 아프리카, 라틴아메리카 등에 위치한 나라로 경제발전을 위해 노력하는 중이다.

BRICS   땅이 넓고 인구가 많으며 경제 성장이 빠른 다섯 개 국가를 지칭하는 말. 브라질·러시아·인도·중국·남아프리카공화국의 머리 글자를 따서 만든 말이다.

**개념어
연결하기**
OECD는 주로 선진국으로 구성된 기구며, 개발도상국은 선진국이 되기 위해 노력하는 국가다. BRICS는 개발도상국의 선두 주자일 뿐 아니라 선진국 경제를 넘어설 정도로 크게 성장한 다섯 개 국가를 가리킨다.

자원민족주의 – 자원외교 – 배타적 경제수역

자원민족주의   천연자원이 많은 개발도상국가가 자신들의 나라에 있는 자원을 스스로의 힘으로 개발하고 활용하려는 경향. 과거에는 선진국들이 개발도상국들의 천연자원을 거의 지배했으나, OPEC(석유수출국기구)이 석유를 활용해 힘을 발휘한 뒤로 다른 개발도상국들도 천연자원을 스스로의 힘으로 관리하고 국제정치에서 자원을 힘으로 활용하려는 경향이 강해졌다.

자원외교 자원이 부족한 나라가 자원을 확보하기 위해 시도하는 외교활동. 우리나라는 자원이 부족하기 때문에 특히 자원외교가 매우 중요하다. 선진국들도 부족한 자원을 확보하기 위해 자원외교를 활발히 하는데, 특히 최근에는 중국이 세계적 차원에서 자원외교를 강화하는 중이다.

배타적 경제수역 Exclusive Economic Zone을 줄인 말(EEZ)로, 자국 영토에서 200해리(1해리는 1,852m)까지의 바다. 200해리 안의 바다에서는 그 나라가 자원을 독점적으로 사용할 권한이 있다. 바다 자원의 중요성이 커지면서 배타적 경제수역을 지키려는 노력이 각 나라마다 치열하다.

개념어 연결하기

세계화가 되면서 자원의 중요성은 더욱 커졌고 자원민족주의로 영향력을 키우려는 나라들이 나타났다. 자원을 확보하기 위한 자원외교도 격렬하게 벌어지는 중이다. 바다의 자원을 확보하기 위한 경쟁이 배타적 경제수역을 둘러싼 갈등으로 나타나고 있다.

빈익빈 부익부 · 비정규직 ··· 최저임금

이야기 속
개념어

"그래, 내가 보기에도 지금 네가 하는 일은 별 실현 가능성이 없어 보여. 이제 제대로 된 일을 찾아 보면 어떻겠냐?" 아빠가 작은 고모에게 미안하셨던지 한 말씀 거드신다. "지금 내 나이에 뭘 해요? **최저임금** 겨우 받는 **비정규직**밖에 더 되요? 험한 일 하다 **산업재해**라도 당하면 몸만 망치고 만다고요!" 삼촌은 문을 쾅 닫고 나가 버렸다. 예전에는 삼촌도 작은 사업체를 운영했는데, 대기업이 그 분야에 갑자기 진출하는 바람에 **파산**하고 **신용불량자**까지 되었다고 한다. 알고 보면 삼촌도 참 불쌍한 사람이다.

그림으로 읽는 개념어

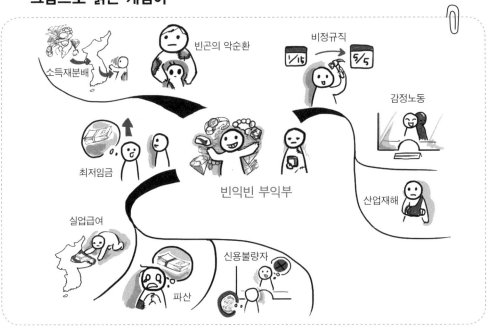

소득재분배

빈곤의 악순환

비정규직

감정노동

최저임금

빈익빈 부익부

산업재해

실업급여

파산

신용불량자

개념어 사전

빈익빈 부익부 – 빈곤의 악순환 – 소득재분배

빈익빈 부익부 가난한 사람은 더욱 가난해지고 부자인 사람은 더욱 부자가 되는 현상.

빈곤의 악순환 가난이 대를 이어가는 현상. 가난한 나라는 당연히 투자를 하지 못한다. 투자를 못 하니 가난에서 벗어나지 못한다. 가정도 마찬가지다. 집이 가난하면 제대로 배우지 못해 좋은 직업을 얻을 수 있는 기회가 적고, 물려줄 재산이 없기 때문에 가난에서 벗어날 가능성이 낮다. 이러한 이유로 가난이 대를 이어가면서 빈곤의 악순환에 빠진다.

소득재분배　　　정부가 세금이나 복지 등을 통해 소득 불평등을 줄이기 위해 실시하는 각종 정책이나 제도. 주로 부자들에게 더 많은 세금을 거둬 가난한 사람을 지원하는 방법을 쓴다. 자유시장경제에서는 경제적 불평등이 생길 수밖에 없는데, 만약 소득불평등을 그대로 둘 경우 심각한 사회문제나 갈등이 생기므로 소득재분배가 꼭 필요하다.

↑

**개념어
연결하기**
- →

빈익빈 부익부가 되면 빈곤의 악순환에 빠진다. 빈익빈 부익부와 빈곤의 악순환을 막기 위해서 제일 중요한 것은 적절한 소득재분배다.

비정규직 – 감정노동 – 산업재해

비정규직　일정하게 정해진 기간 동안만 일하기로 계약한 노동자. 정규직은 계약 기간이 정해져 있지 않으며, 임금이나 근로조건도 비정규직에 비해 좋으고 정당한 사유 없이는 해고할 수 없도록 법으로 보호받는다. 그러나 비정규직은 언제든지 해고될 수 있고, 같은 일을 해도 임금이나 근로조건이 정규직에 견줘 낮은 수준이다. 다른 나라에도 비정규직이 있지만 우리나라는 외국에 견줘 지나치게 비정규직이 많다.

감정노동　고객센터의 상담원, 마트 종사자, 은행원처럼 배우가 연기하듯 자신의 감정을 숨기고 손님을 대하는 직업에 종사하는 사람들의 노동을 일컫는 말. 감정노동을 하는 노동자는 자신의 감정을 숨기고 항상 친절하게 사람을 대해야 하기 때문에 스트레스를 많이 받는다.

산업재해　노동자가 사용자에게 고용되어 일하는 과정에서 입은 정신적, 신체적 피해. 산업재해를 당하면 개인의 잘못을 따지지 않고 나라에서 치료를 해준다. 산업재해에 들어가는 비용은 사용자들이 평소에 법률이 정한 기준에 따라 납부한 돈을 정부가 모아 두었다가 지급한다.

개념어 연결하기

비정규직은 대부분 가난하고 불안한 삶을 산다. 감정노동에 종사하는 사람들 중 상당 수가 비정규직이다. 또한 비정규직 중에는 산업재해를 많이 당할 수 있는 위험이 높은 직종이 많다.

최저임금 – 실업급여 – 파산 – 신용불량자

최저임금 사업주가 노동자에게 무조건 줘야 하는 최소한의 임금. 최저임금은 생활을 위해서 필요한 최소한의 임금으로, 사업주가 최저임금보다 적게 임금을 지급하면 처벌받는다.

실업급여 직장을 잃고 실업자가 된 사람에게 국가가 지급하는 급여. 소득이 없는 실업자에게 실업상태는 생존에 위협이 될 정도로 큰 위기이므로 정부가 이들을 보호해주어야 한다.

파산 빚을 진 사람이 더 이상 빚을 갚을 수 없는 상태.

신용불량자 은행에서 돈을 빌리거나, 카드를 쓴 비용을 갚지 못해 신용이 크게 떨어져 경제활동을 제대로 할 수 없게 된 자. 신용불량자가 되면 경제활동이 어려워져 은행 등 금융권에서 대출을 받는 것이 불가능하고 신용카드 거래도 정지된다.

개념어 연결하기

최저임금과 실업급여는 모두 가난한 사람들이 인간답게 살 수 있도록 보장하는 제도다. 더 이상 빚을 갚을 능력이 되지 않아 파산을 하거나 신용불량자가 되면 사회적으로 문제가 되기 때문에 구제하는 제도를 시행한다.

지속가능한 개발 · 윤리적 소비 ··· 담합

이야기 속
개념어

        삼촌과 작은고모가 다툰지 며칠 뒤, 다행히 삼촌이
취직을 했는데 지역에서 활동하는 작은 소비자 협동조합이다. **윤리적 소비**와
공정무역을 실천하는 곳이라고 한다. 그 협동조합은 **지역통화**를 만들어 자
립적인 지역 경제를 만드는 일을 계획 중인데, 마침 삼촌이 그 역할을 맡았다.
삼촌 방을 차지했던 유명 브랜드 제품은 사라지고 그 자리에 삼촌의 환한 웃
음이 가득 채워졌다. 몽상가였던 삼촌이 이제 좀 현실적인 사람이 되나 보다.
요즘은 할머니까지 가세해서 삼촌을 구박하시는 것 같더니 어쩌면 그 효과인
지도 모르겠다.

그림으로 읽는 개념어

독과점
담합
윤리적 소비
시장점유율
공정무역
지속가능한 개발
소비자주권
공정거래위원회
가채연수
부존자원
지역통화

개념어 사전

지속가능한 개발 - 부존자원 - 가채연수

지속가능한 개발 미래를 위해서 자원을 절약하고 환경을 보호하는 방식의 개발. 자원을 낭비하고 환경을 파괴하는 방식은 더 이상 지속가능하지 않다. 지금과 같은 개발은 파괴와 파멸로 이어지기 때문에 지속가능한 개발로 하루 빨리 전환해야 한다.

부존자원 사람, 자연, 자본 등 한 나라가 보유한 모든 자원을 종합하는 용어. 좁은 뜻으로는 천연자원만을 가리킨다.

가채연수   어떤 자원을 다 사용할 때까지 남은 연수. 석유, 석탄, 철과 같은 지하

자원은 무한하지 않기 때문에 어느 정도 쓰고 나면 사라진다. 가채연

수는 앞으로 몇 년 동안 자원을 더 쓸 수 있는지를 보여준다.

이제 무작정 개발하면 안 되고 지속가능한 개발을 해야 한다. 왜냐하면 인간이 이용할

수 있는 부존자원의 가채연수가 그리 길게 남지 않았기 때문이다. 지속가능한 개발은

윤리와 미래를 생각하는 개발이어야 한다.

윤리적 소비 – 공정무역 – 소비자주권 – 지역통화

윤리적 소비   소비가 환경과 사회에 미치는 영향을 고려해 상품을 구매하거

나 소비하는 행위. 환경에 해를 끼치는 상품보다 환경에 이익이 되는

상품을 구입하고, 불공정한 가격에 거래되는 저렴한 제품이 아니라 정

당한 대가를 지불해서 가난한 생산자들에게 이익이 많이 돌아가는 제

품을 소비하는 것, 그리고 도덕적이고 모범을 보이는 기업의 제품을 구

매하는 행위 등을 일컬어 윤리적 소비라 한다.

공정무역   말 그대로 불공정하지 않고 공정하게 거래하는 무역. 예를 들어

커피는 석유 다음으로 많이 거래하지만 정작 커피를 생산하는 아프리

카, 아시아, 중남미의 주민들은 힘들게 노동하면서도 가난하게 산다.

지금보다 비싸더라도 커피 생산 농가에 적당한 돈을 지불하면 가난한

생산자들에게 큰 도움이 된다. 공정무역은 가난한 생산자들에게 도움

이 되는 무역이다.

소비자주권   자본주의 경제에서 생산을 좌우하는 힘은 결국 소비자에게 있

음을 강조한 개념. 소비자들이 많이 찾으면 생산이 늘고, 소비자들이 찾지 않으면 생산이 준다. 이처럼 자본주의 경제에서는 소비자가 생산의 양을 좌우한다. 그러나 요즘은 거대 기업이 시장을 장악하고, 수많은 광고들로 인해 소비자주권이 힘을 발휘하지 못하는 경우가 많다.

지역통화 우리나라에서 전통적으로 내려오는 두레나 품앗이처럼 특정한 지역 단위에서 시행하는 협동적인 경제활동. 예를 들어 내가 세탁을 누군가에게 해 주면 그만큼 쿠폰을 받고, 그 쿠폰으로 머리를 깎거나 목욕탕을 이용할 수 있다. 이렇게 지역 내에서 현금이 아니라 서로의 노동력과 서비스를 주고받는 경제활동으로, 지역 경제 자립뿐 아니라 인간적인 유대감도 키운다. 새로운 경제체제를 모색하는 사람들에 의해 세계 곳곳에서 빠른 속도로 확산되고 있다.

개념어 연결하기

공정무역은 윤리적 소비의 하나로 바른 세상을 만들기 위해 노력하는 경제활동이다. 공정무역은 소비자주권을 행사하여 자본주의 경제를 건강하고 깨끗하게 만드는 방법이기도 하다. 지역통화도 더 윤리적이고 깨끗한 자본주의를 만들기 위한 새로운 시도다. 윤리적 소비, 공정무역, 소비자주권, 지역통화는 모두 더 좋은 사회, 지속가능한 사회를 만들기 위한 사회 구성원의 노력이다.

담합 – 독과점 – 시장점유율 – 공정거래위원회

담합 원래는 시장에서 대등하게 경쟁해야 하는데 회사와 회사가 서로 짜고 상품 생산량이나 가격을 몰래 합의하는 행위. 자유시장경제는 자유로운 경쟁을 할 때 발전하고 소비자도 이익인데, 담합을 하면 소비자가 얻을 이득을 기업이 가로채는 셈이다. 담합은 소비자에게 큰 피해를 입히는 부당한 행위이므로 선진국은 담합하는 기업들을 강하게 처벌하지만, 우리나라는 솜방망이 처벌에 그치고 있어 기업들의 담합이 끊이지 않는다.

독과점 몇 개의 기업이 시장의 대부분을 지배하는 상태. 자본주의가 지닌 최대 장점은 자유로운 경쟁인데 독과점이 형성되면 경쟁이 사라지고, 결국 소비자가 큰 피해를 입는다.

시장점유율 어떤 정해진 상품 시장에서 한 기업이 차지하는 비율. 시장점유율이 지나치게 높으면 독과점이 된다.

공정거래위원회 건강한 자유시장경제를 유지하기 위해 존재하는 국가기관. 시장을 자유롭게만 내버려두면 큰 기업들이 독점과 불공정 거래로 시장을 장악한다. 그러면 자유시장경제가 건강하게 돌아가지 못하기 때문에 공정거래위원회는 독점을 막고 거대한 기업들이 불공정한 거래를 하는지 감시한다.

개념어 연결하기

담합은 자유시장경제의 적이다. 한 기업의 시장점유율이 지나치게 높으면 독과점이 된다. 독과점과 담합은 자유시장경제가 지닌 장점을 망치기 때문에 공정거래위원회는 이를 막고 감시하는 역할을 한다.

성질편 112

연계 과목 _ 국어, 사회, 역사, 도덕, 기술·가정, 수학

일반 명사에 ~적, ~성, ~화, ~감을 붙여 특정한 경향이나 느낌, 성질을 표현한다.

적的 과녁 적.

~적的을 붙이면 100% 확실한 것이 아니라 어떤 경향이 높음을 나타낸다. 예를 들어 필연必然은 '반드시 그러하다'인데, 필연적必然的은 반드시 그러할 확률과 경향이 높음을 나타낸다. 필연적은 필연이란 과녁을 향해 날아가는 화살과 같은 느낌이다.

성性 성질 성.

~성性이 붙으면 어떤 성질을 띠는 걸 의미한다. 예를 들어 필연성必然性은 반드시 그러하는 성질을 띠었다는 뜻이다.

화化 될 화.

~화化는 어떤 상태로 되어 감을 뜻한다. 예를 들어 활성活性은 생기 넘치고 활발한 성질이고, 활성화活性化는 생기 넘치고 활발한 성질로 되어간다는 뜻이다.

감感 느낄 감.

~감感은 어떤 상태나 상황에서 드는 느낌을 나타낸다. 예를 들어 생동生動은 활기차고 생명력 넘치는 움직임이라면, 생동감生動感은 활기차고 생명력 넘치게 움직이는 느낌을 말한다.

문맥을
이해하는
기초 과정

정태적 · 능동적 ··· 주체적

이야기 속 개념어

수동적이고 **의존적**이던 삼촌이 회사에 다니면서 **주체적**이고 **능동적**으로 바뀌었다. 삼촌이 풍기던 **정태적**인 분위기도 **역동적**으로 변했다. 집안 일에도 수동적이었는데 근래에는 능동적으로 도와준다. 한마디로 삼촌은 완전히 다른 사람이 되었다. 삼촌이 변하기 시작하자 우리 집안의 분위기도 밝게 변했다. 작은고모가 생활비를 많이 낸 것도 한몫했다. 물론 고모의 **자발성**이 약하긴 했지만, 어쨌든 생활비를 낸 뒤로 고모도 훨씬 더 당당해진 듯했다. 가정경제가 괜찮아진 뒤로 우리 가족은 다시 재개발에 관심을 기울었다.

그림으로 읽는 개념어

수동적   능동적   동태적   역동적

자주적   정태적   생동감

의존적   주체적   자율성   자발성   변동성

개념어 사전

정태적 ↔ 동태적 – 역동적 – 생동감 – 변동성

정태적   움직이지 않고 가만히 있는.

> **예문** 성민이가 부르는 노래는 정태적인 느낌이 강하다.

동태적   활발하게 움직이고 변화하는.

> **예문** 미나는 동태적인 느낌을 글에 잘 담는다.

역동적   아주 활발하고 힘차게 움직이는.

> **예문** 체조 선수가 역동적인 움직임을 보여줬다.

생동감 활기차고 생명력 넘치게 움직이는 느낌.

> 예문 그 장면은 정말 생동감 넘치지 않니?

변동성 바뀌고 변화함.

> 예문 주가가 변동성이 너무 심해서 예측할 수가 없네.

개념어 연결하기

정태靜態의 '정靜'은 고요함, 동태動態의 '동動'은 움직임을 뜻한다. 정태적과 동태적은 반대되는 의미다. 역동적, 생동감, 변동성에 포함된 '동動'은 모두 움직인다는 의미. 힘차게 움직이는 상태는 역동적, 생생하게 움직이는 느낌은 생동감, 변화하며 움직이는 성질은 변동성이다.

능동적 ↔ 수동적 – 자주적 ↔ 의존적

능동적 남이 시켜서가 아니라 스스로 움직이는.

> 예문 뭐든 능동적으로 해야 효과가 좋은 거야.

수동적 스스로 움직이지 않고 남이 시켜서 움직이는.

> 예문 그렇게 수동적으로 해서 뭐가 되겠니?

자주적 스스로 자기 일을 하는.

> 예문 다른 나라에 기대지 말고 남과 북이 자주적으로 통일을 해야 한다.

의존적 다른 무엇에 기대는.

> 예문 의존적인 태도를 버려라. 그렇지 않으면 독립했다고 할 수 없다.

개념어 연결하기

능동能動과 수동受動은 모두 움직임을 뜻하나, 능동적은 스스로 움직임을, 수동적은 남이 시켜서 움직임을 나타낸다. 자주自主의 '자自'는 스스로란 뜻, 의존依存의 '의依'는 의지하다는 뜻이므로 자주적과 의존적은 서로 반대 의미다.

주체적 –자율성 –자발성

주체적 주인 된 자세로 임하는.

> **예문** 외국 문물을 주체적으로 받아들이는 것이 중요하다.

자율성 남이 정한 규칙이 아니라 자기가 세운 규칙대로 움직임.

> **예문** 학생들에게 자율성을 주면 문제가 생긴다는 생각은 편견이다.

자발성 자신의 힘으로 무언가를 하려함.

> **예문** 자발성이 없으면 만족감도 없다.

개념어 연결하기

주체主體의 '주主'는 주인이라는 뜻, 자율自律과 자발自發의 '자自'는 스스로란 뜻이다. 자주적인 태도와 주체적인 태도는 비슷하다. 주체적이면 자율성과 자발성이 있기 마련이다. 시키지 않아도 스스로 하는 사람이 자기 삶의 주인이다.

가변성 · 순행적 ··· 원형적

이야기 속
개념어

지난 선거에서는 동네를 **원형적**으로 보존하며 **순행적** 변화를 주자던 B당 후보가 국회의원에 당선되었다. 재개발로 동네가 확 바뀌기를 바랐던 나는 실망이 이만저만 아니었다. "이제 무조건적인 개발은 시대 **역행적**이야. 그 후보가 NGO와도 친하다니 **합리적**으로 일을 풀어갈 거라고 믿어." 아빠는 환영했지만, 엄마도 나처럼 반기는 눈치는 아니셨다. 재개발을 하면 **궁극적**으로 우리 집이 더 살기 좋아지는 거 아닌가? 내 짧은 생각인지는 모르겠지만 암튼 내내 서운했다.

그림으로 읽는 개념어

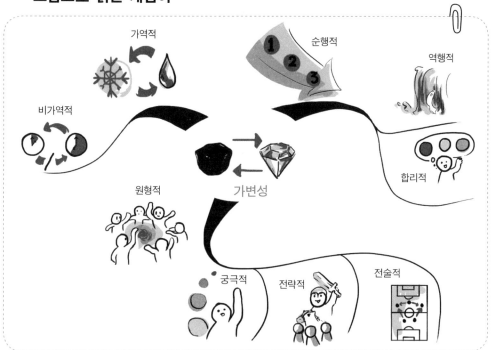

가역적

순행적

역행적

비가역적

합리적

원형적

가변성

궁극적

전략적

전술적

개념어 사전

가변성 - 가역적 ↔ 비가역적

가변성   변하는 성질.

> **예문** 성공했다고 판단하는 기준은 시대에 따라 가변성이 있다.

가역적   한 번 변하더라도 원래 상태로 돌아가는.

> **예문** 타임머신은 시간이 가역적일 때만 가능하다.

비가역적   한 번 변하면 원래 상태로 돌아가지 못하는.

> **예문** 시간은 비가역적이기 때문에 타임머신은 불가능하다.

개념어
연결하기
가변성可變性에서 '변變'은 변하다는 뜻이며, '가可'는 가능하다, 허락하다는 뜻이다. 가변성은 그대로 해석하면 '변하는 것이 가능하다', '변하는 것을 허락하다'는 의미다. 가역可逆에서 '역逆'은 거스르다는 뜻이므로 가역은 '거스르는 것이 가능하다'는 뜻이고, 비가역은 '거스르는 것이 불가능하다'는 뜻이다. 가역적과 비가역적은 반대되는 말이다.

순행적 ↔ 역행적 - 합리적

순행적 거스르지 않고 차례대로 나아가는.

예문 일을 할 때는 순행적으로 해야지.

역행적 거스르며 거꾸로 나아가는, 반대 방향으로 가는.

예문 가끔은 일을 역행적으로 해서 효과를 보기도 한다.

합리적 이론이나 원리에 적절히 맞는.

예문 일은 합리적으로 처리해야죠.

개념어
연결하기
순행順行의 '순順'은 순서대로, 역행逆行의 '역逆'은 거스르다는 뜻이다. 그래서 순행적과 역행적은 반대가 된다. 이치에 거스르지 않는 것, 즉 이치에 역행적이지 않고 순행적인 것을 합리적이라고 한다.

원형적 - 궁극적 - 전략적 ↔ 전술적

원형적 본디부터 있던 단순한, 본바탕과 가까운.

예문 그녀가 추는 학춤은 원형적인 형태에 가까웠다.

궁극적 마지막에 도달하는.

> **예문** 돈을 벌거나 열심히 공부를 하는 궁극적 목적은 행복하게 살기 위해서가
> 아닐까?

전략적 전쟁이나 일을 이끌어가는 큰 원칙이나 중요한 방법에 관한.

> **예문** 작은 것은 버리고 전략적인 것에 집중하자.

전술적 전쟁이나 일을 구체적으로 풀어가는 방법이나 수단에 관한. 전략보다
작은 느낌.

> **예문** 전술적인 선택은 언제나 바뀔 수 있다는 것을 명심하기 바란다.

원형이 원래 있던 형태라면, 궁극은 마지막이다. 원형적이 처음에 위치한다면, 궁극적
은 끝에 위치한다. 전략적은 큰 수단이나 목표를 의미하고, 전술적은 작은 수단을 뜻
한다.

상업성 · 효율성 ··· 오락적

방학이 되자 큰고모 딸인 란지가 놀러왔다. 란지는 나와 동갑이지만 참 많이 다르다. 생활 자체가 **유희적**이다. "지금 이 순간은 지나면 다시는 오지 않아. 노는 것이 남는다는 말도 너는 모르니?" 란지는 누가 뭐라 해도 아랑곳하지 않고 자신의 방식대로 산다. 그렇다고 제멋대로 살지는 않는다. 어른들이 심부름이라도 시키면 **효율성**과 **유용성**을 따지면서 요리조리 빠져나가는 것은 란지의 특기다. 나는 그런 란지가 부럽기도 하고 때로는 얄밉기도 하다.

그림으로 읽는 개념어

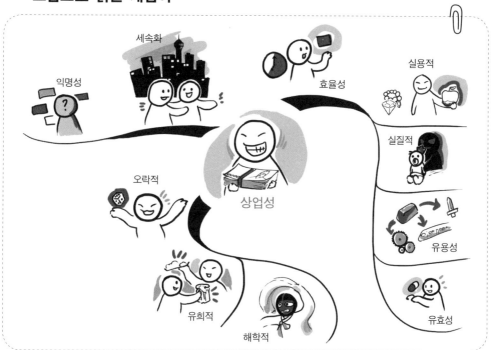

개념어 사전

상업성 – 세속화 – 익명성

상업성   돈 버는 것을 중요하게 여기는.

> 예문   방송이 너무 상업성만 좇으면 안 되죠.

세속화   보통 사람들이 사는 것처럼 되어 가는.

> 예문   종교가 세속화하면 더 이상 종교가 아니다.

익명성   이름을 감춤.

> 예문   인터넷 공간은 익명성이 장점이자 단점이야.

개념어
연결하기
상업은 돈벌이가 목적이므로 상업성이란 돈 버는 것을 중요하게 여기는 성질이다. 상업
성을 좇지 말아야 할 사람이 상업성을 좇으면 세속화했다고 한다. 인터넷 공간의 익명
성은 나쁜 영향을 끼치는 경우가 많다. 상업성, 세속화, 익명성은 모두 조금 나쁜 이미
지의 말이다.

효율성 – 실용적 – 실질적 – 유용성 – 유효성

효율성   들인 노력에 견주어 결과가 아주 좋음.

> **예문** 효율성을 높이기 위해 기술을 개발한다.

실용적   실제로 쓰는 데 효과가 큰.

> **예문** 실학자들은 실용적인 학문을 중요하게 여겼다.

실질적   실제 본바탕과 같은, 진짜와 같은.

> **예문** 어린 왕에게는 실질적인 권력이 없다.

유용성   쓸모가 있음.

> **예문** 철은 참 유용성이 많은 자원이다.

유효성   효과가 있음.

> **예문** 네가 만든 제품은 유효성이 높니?

개념어
연결하기
제품을 만들 때 가장 중요한 것은 효율성이다. 효율성이 높으면 실용적이다. 실용實用과
실질實質의 '실實'은 열매를 뜻한다. 열매를 얻는, 즉 좋은 결과를 얻는 것이 실용적이요,
실질적이라는 의미다. 실용實用과 유용有用의 '용用'은 쓸모를 뜻한다. 유용성은 쓸모가
있고, 유효성은 효과가 있다는 뜻이다.

오락적 - 유희적 - 해학적

오락적　　즐겁게 즐기면서 노는.

　　　　　　예문　모든 게 그렇듯 삶도 지나치게 오락적이면 노년이 좋지 않단다.

유희적　　즐겁고 신나게 즐기는.

　　　　　　예문　인간은 유희적 동물이다.

해학적　　익살스럽고 웃기면서도 비판하는 정신이 살아 있는.

　　　　　　예문　탈춤은 해학적인 면이 뛰어나다.

**개념어
연결하기**

모든 놀이 문화는 오락적이면서 유희적이다. 유희遊戲는 '놀 유遊'와, '놀 희戲'로 말 그대로 논다는 뜻이다. 해학諧謔에서 '해諧'는 어울린다는 뜻이고, '학謔'은 농담을 나눈다는 뜻으로, 해학은 함께 어울려 농담을 나누는 것을 뜻한다. 탈춤을 추는 탈춤꾼들은 어울려 농담을 나누는데, 농담의 내용이 사회비판적인 경우가 많았다. 해학적인 웃음은 바로 비판적인 웃음이다.

절대적 · 보편성 ··· 일반화

이야기 속
개념어

"언니, 정말 이혼할 거야?" 작은고모의 목소리가 들려왔다. 무슨 소리지? 나도 모르게 귀를 쫑긋했다. "뭐 상황이 되면 해야지. 결혼이 **절대적**인 건 아니잖아." 큰고모 목소리다. 이때 삼촌의 목소리가 끼어들었다. "**객관적**으로 봐도 매형이 문제가 많기는 하지만, 그래도 란지 생각은 해야지." 큰고모의 목소리에 힘이 들어가는 듯하다. "아빠가 있어야 자식에게 좋다는 식으로 **일반화**시키지 마. 아빠가 없어서 더 좋은 경우도 있어." 우연히 어른들의 대화를 엿듣게 되었지만 나는 혼란스러웠다. 큰고모가 이혼을 한다고? 어떻게 된 상황인지 **구체적**으로 알고 싶었지만 차마 물어볼 수 없어서 눈치만 살폈다.

그림으로 읽는 개념어

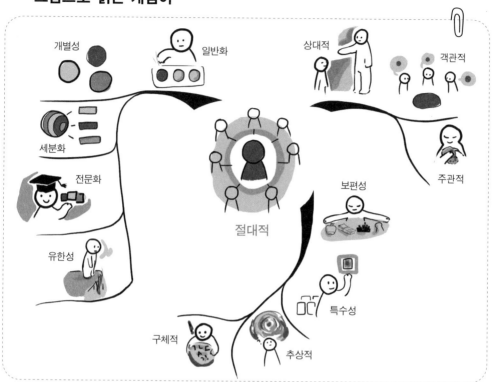

개별성
일반화
상대적
객관적
세분화
전문화
주관적
유한성
절대적
보편성
특수성
구체적
추상적

개념어 사전

절대적 ↔ 상대적 – 객관적 ↔ 주관적

절대적 조건이나 얽매임이 전혀 없는, 견줄만한 상대가 없는.

> **예문** 야구에서 투수가 팀의 승리에 끼치는 영향은 절대적이다.

상대적 서로 견주어 보면 드러나는.

> **예문** 우리랑 있을 때는 커 보이더니 농구 선수들이랑 서 있으니 상대적으로 키가 작아 보인다.

객관적 나와 상관없이 다른 사람의 관점에서 보는, 사람의 의지나 생각과 상
관없이 존재하는.

> **예문** 심각한 사태일수록 객관적으로 볼 줄 아는 눈이 필요하다.

주관적 자기 의견이나 느낌을 중심으로 하는.

> **예문** 객관적인 조건이 아니라 주관적인 감정이 행복을 결정한다.

**개념어
연결하기** 절대적과 상대적은 정반대다. 절대絶對에서 '절絶'은 끊음이요, '대對'는 견주기이므로, 절
대는 '견주기를 끊는다'는 의미다. 따라서 견줄만한 것이 없음을 말한다. 상대相對는 '서
로 견준다'는 뜻이므로 절대와 반대다. 객관적과 주관적도 정반대다. 객관客觀의 '객客'
은 손님이고, '관觀'은 본다는 뜻이므로 객관은 '손님의 눈으로 보는 것'이고, 주관主觀은
'주인의 눈으로 보는 것'을 뜻한다.

보편성 ↔ 특수성 - 추상적 ↔ 구체적

보편성 모든 것에 두루 미치거나 통함.

> **예문** 네가 하는 주장은 보편성이 없어.

특수성 일반적이거나 평균적이지 않고 매우 다른.

> **예문** 각 지역이 처한 특수성을 인정하자.

추상적 현실에서 떨어져 구체적이지 않고 막연한.

> **예문** 지금 네가 하는 말은 너무 추상적이어서 무슨 말인지 모르겠어.

구체적 현실과 밀접히 관련을 맺고 아주 자세한.

> **예문** 추상적으로 말하지 말고 구체적으로 말해야 알아듣지.

**개념어
연결하기** 보편성과 특수성은 반대다. 보편성은 일반적이고 모두에 두루 미치는 것이나, 특수성은

매우 특별하게 다른 것을 말한다. 추상적인 것과 구체적인 것도 반대다. 추상抽象에서 '추抽'는 뽑는다는 뜻이고, '상象'은 모양을 뜻한다. 즉 '어떤 대상에서 일정한 모양을 뽑아내는 것'이 추상이다. 따라서 추상은 있는 그대로가 아니다. 반면에 구체적인 것은 최대한 있는 그대로의 모습을 말한다.

일반화 ↔ 개별성 → 세분화 - 전문화 - 유한성

일반화 전체에 두루 해당하는, 특별하지 않고 평범한.

> [예문] 구체적인 사례를 일반화할 줄 알아야 글을 잘 쓸 수 있단다.

개별성 각각 따로 지니는 특성.

> [예문] 선생님은 학생의 개별성을 존중해야 한다.

세분화 여러 갈래로 자세하고, 오밀조밀하게 나누는.

> [예문] 학생들 성적을 굳이 세분화해야 할까요?

전문화 어떤 분야에서 능력이 상당한 수준에 이르는.

> [예문] 현대 과학기술은 지나치게 전문화한 경향이 있어.

유한성 일정한 끝이나 한계가 있음.

> [예문] 유한성이야말로 인간에게만 있는 장점이지.

개념어 연결하기

보편성과 일반화는 통한다. 일반화는 전체적으로 뭉뚱그리는 것이지만, 개별성은 하나하나의 성질과 특징이다. 세분화는 일반화보다는 조금 더 자세히 나누는 것이지만, 개별성보다는 뭉뚱그려서 생각하는 것이다. 개별성→세분화→일반화 순으로 개별에서 전체로 나아간다. 전문화는 일반적인 수준에 머물지 않고 분야를 깊이 파고드는 것인데, 아무리 전문화하더라도 무한한 능력을 발휘하지는 못하기에 모든 것에는 유한성이 있기 마련이다.

유기적 · 전반적 ··· 일관성

이야기 속
개념어

항상 느끼는 거지만 어른들의 세계는 너무 복잡하게 엉켜있어서 이해하기가 정말 어렵다. 좋다고 결혼할 때는 언제고 이제는 또 헤어지겠다고 난리니, 참을성이 부족하고 **지속성**이 없는 것은 애나 어른이나 똑같다. 오늘 아침에도 나는 살짝 작은고모와 큰고모의 대화를 엿들었다. 일부러 들은 것은 아니고, 우연히 대화가 걸려들었다. "언니, **전체적**으로 문제가 뭐야?" 작은고모가 눈치를 보며 물었다. "하루 이틀도 아니고, 란지가 제멋대로 사는 것이 내 탓이라나. 란지한테는 한마디도 못하면서 나만 닦달해. 솔직히 란지 문제는 일부분이고 모든 부분에서 그런 식이야. 이제 **일관성** 없는 너희 형부한테 질렸어." 휴, 큰고모네는 정말 **총체적** 난관에 빠졌나 보다.

그림으로 읽는 개념어

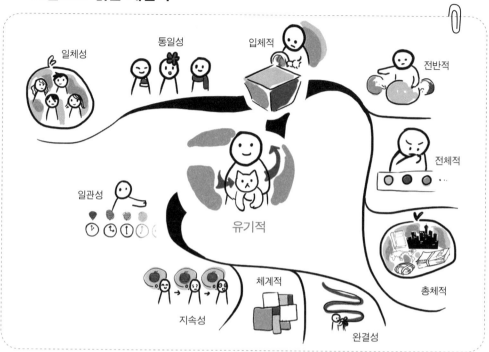

일체성
통일성
입체적
전반적
전체적
일관성
유기적
지속성
체계적
완결성
총체적

개념어 사전

유기적 - 입체적 - 통일성 - 일체성

유기적   서로 밀접하게 관련을 맺은.

      예문 사람과 자연은 유기적 관계다.

입체적   단순하지 않게 여러 방향과 각도에서 다양하고 종합적으로.

      예문 사건을 입체적으로 보는 능력은 탐정에게 필수지.

통일성   여러 요소들이 하나로 합침.

      예문 수천 명이나 되는 사람들이 통일성 있게 움직였다.

일체성   한 덩어리를 이룸.

> **예문**   사회 구성원이 모두 일체성을 띤다면 독재국가가 아닐까?

유기有機에서 '유有'는 있음을, '기機'는 틀이나 기계를 뜻하므로, 유기적이란 '하나의 틀과 같은 상태', 즉 밀접히 연결된 상태를 말한다. 세상 모든 것이 유기적으로 연결되어 있기에 입체적으로, 통일성 있게 보아야 한다. 일체一體에서 '일一'은 하나요, '체體'는 몸이므로 일체성은 '한 몸과 같은 상태'를 말한다. 통일성이 하나로 합치는 수준이라면, 일체성은 한 몸처럼 단단하게 합쳐서 통일성보다 더 강한 느낌이다.

전반적 – 전체적 – 총체적

전반적   통틀어서.

> **예문**   전반적으로 살펴봤는데 도저히 해결할 가능성이 없어.

전체적   모두를 연결하여 한꺼번에 고려하는.

> **예문**   분위기가 전체적으로 왜 이러냐?

총체적   모든 것을 하나로 합친.

> **예문**   우리 회사는 총체적인 어려움에 빠졌다.

전반적과 전체적은 비슷한 의미다. 총체적은 모든 것을 하나로 합쳤다는 의미로 전반적, 전체적보다 조금 더 강한 느낌이다. 총체總體에서 '총總'은 모두 다를 뜻하고, '체體'는 몸을 뜻하므로 총체적이란 '모두를 다 종합한 것'을 말한다.

일관성 - 지속성 - 체계적 - 완결성

일관성   처음부터 끝까지.

> 예문 왜 일관성 없이 이랬다, 저랬다 하는 거야!

지속성   오랫동안 꾸준히 계속됨.

> 예문 지속성 있게 노력하느냐가 중요하지.

체계적   짜임새가 잘 된.

> 예문 조직을 체계적으로 꾸리면 강력한 힘을 발휘한다.

완결성   완전하게 마무리한 상태.

> 예문 문학 작품은 스스로 완결성을 갖춰야 한다.

개념어 연결하기

일관—貫에서 '관貫'은 하나로 꿰뚫는다는 뜻이므로, 일관성과 지속성은 비슷하다. 일관성 있게 체계적으로 하다 끝을 잘 마무리하면 완결성을 갖추게 된다.

획일화 · 규격화 ··· 독창성

이야기 속
개념어

"그래도 형부가 앞뒤 꽉 막힌 사람은 아니었잖아?" 작은고모의 두둔 때문이었는지 큰고모가 화를 벌컥 내셨다. "지금까지 내가 **일방적**으로 참고 살아서 그렇게 보이지 않았을 뿐이지. 너네 형부는 자기가 정한 기준대로 모든 것을 **획일화**시켜. 란지와 내가 물건도 아닌데, 공장에서 만들듯이 우리 둘을 **규격화**하려고 한다니까. 정말 같이 살 사람이 아니야." "물론, 형부가 대한민국 장남의 **전형적**인 특징을 다 갖추고 있기는 하지. 그래도 언니! 너무 **상투적**으로 들리겠지만 란지를 생각해서 한 번만 더 생각해 봐. 이혼이 쉬운 일은 아니잖아. 내 친구도 이혼하고 오히려 후회하던걸." 큰고모의 얼굴이 복잡해 보였다.

그림으로 읽는 개념어

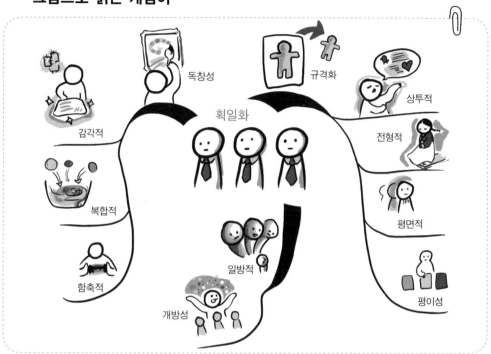

개념어 사전

획일화 – 일방적 – 개방성

획일화   전체를 한결같이 똑같게 하는.

         예문   전부 획일화하면 개성이 사라져요.

일방적   어느 한쪽으로만 치우친.

         예문   일방적인 경기는 구경할 맛이 나지 않는다.

개방성   태도나 생각이 거리낌 없고 열린 상태.

         예문   인터넷은 개방성이 큰 특징이다.

획일화는 모든 것을 똑같은 상태로 만들기 때문에 일방적이며, 개방성은 눈곱만큼도 찾아보기 어렵다. 일방一方에서 '방方'은 방향이므로 일방적이란 말은 '하나의 방향으로만 치우친 것'을 말한다. 개방開放에서 '개開'는 연다는 뜻, '방放'은 놓다는 뜻이므로 개방開放은 '열어 놓는다'는 의미다. 획일화는 열어놓지 않고 한 방향으로만 몰아붙이므로 획일화와 개방성은 완전 반대다.

규격화 – 상투적 – 전형적 – 평면적 – 평이성

규격화   일정한 모양, 틀, 방향, 격식에 맞게 함.

        예문 학생들 생각이 규격화되면서 창조성이 사라졌다.

상투적   너무나 뻔하고 흔하게 쓰는.

        예문 '어려운 가정에서 태어나'로 시작하는 문장은 너무 상투적이지 않니?

전형적   본보기를 가장 잘 보여주는.

        예문 심청이는 전형적인 효녀다.

평면적   겉으로 드러난 것만 다루는, 평평한 면으로 된.

        예문 사람의 성격을 네 가지로만 나누는 건 너무 평면적이야.

평이성   까다롭지 않고 쉬움.

        예문 선생님은 평이성을 유지하면서도 깊이 생각할만한 문제를 냈다.

획일화는 규격화하는 것이다. 규격화하면 할수록 상투적이며, 전형적인 모습만 나타난다. 고전소설처럼 규격화한 소설에 나오는 전형적인 인물은 성격이 복잡하지 않고 평면적이며, 이야기나 갈등도 평이성이 강하다.

감각적 – 독창성 – 복합적 – 함축적

감각적 감각이나 자극에 예민한, 감각을 잘 살리는.

> 예문 시에는 감각적인 표현이 많다.

독창성 남이나 다른 것을 모방하지 않고 새로움.

> 예문 발명품은 독창성이 생명이다.

복합적 여러 가지를 더한.

> 예문 우리가 처한 문제는 단순하지 않고 복합적이야.

함축적 말이나 글 속에 많은 뜻이 담긴.

> 예문 시에 쓰는 언어는 함축적이다.

**개념어
연결하기** 독창성은 획일화와 반대다. 감각적인 사람이 독창성이 뛰어나다. 독창성을 발휘한 작품은 평면적이지 않고 복합적이며, 단순하지 않고 함축적이다. 함축含蓄에서 '함含'은 머금다, '축蓄'은 쌓다는 뜻이므로 함축은 '층층이 쌓아서 머금다'는 말이다. 단순하지 않고 복잡하며 의미가 바로 겉으로 드러나지 않고 겹겹이 쌓여서 숨겨진 상태. 복합적이면 함축적인 경우가 많다.

목가적 · 동경적 ··· 감성적

이야기 속
개념어

이튿날 아빠랑 삼촌, 그리고 작은고모가 출근하자 집에는 친구들과 놀다가 늦게 들어와서 아직 자고 있는 란지와, 큰고모, 그리고 엄마와 나만 있었다. 갑자기 큰고모 방에서 콧노래가 흘러나왔다. 나는 알지도 모르는 옛 노래였는데 언뜻 들어도 **애상적**이면서 **목가적**인 느낌이 강했다. '울 고모도 **감성적**이시네~~.' 나는 큰고모에게 노래 제목을 물어보려다 멈칫했다. 고모의 눈에 작은 이슬이 맺혀있는 것을 봤기 때문이다. 나는 슬그머니 문을 닫고 다시 나왔다. 엄마가 나를 바라보고 계셨다. "큰고모가 시간이 필요한가 보다. 예전 생각도 나고."

그림으로 읽는 개념어

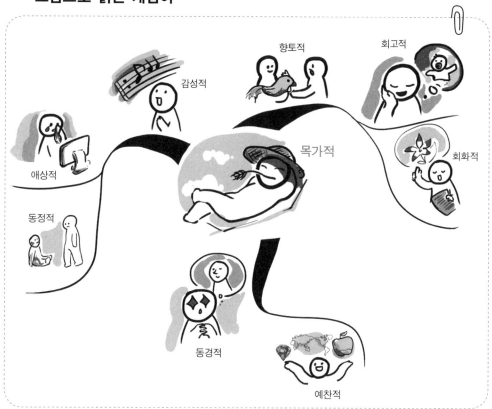

개념어 사전

목가적 – 향토적 – 회고적 – 회화적

목가적 평화롭고 조용하며 아늑한 농촌 같은 느낌이 드는.

예문 그림이 참 목가적이야.

향토적 고향이나 시골 느낌이 잘 담긴.

예문 글에서 향토적인 느낌이 난다.

회고적   지난 일을 돌이켜 보는.

> 예문   회고적인 분위기를 자아내는 작품이네요.

회화적   그림으로 표현한 듯한.

> 예문   당신은 회화적인 글을 쓰시네요.

목가적牧歌的에서 '목牧'은 가축을 치다는 말이며, '가歌'는 노래를 부른다는 뜻이니 목가
적이란 말은 '농촌에서 가축을 치며 노래를 부르는 풍경'을 일컫는다. 향토적인 느낌과
목가적인 느낌은 같다. 시골에 살았던 어른들은 어릴적을 그리워하며 회고적인 감성에
젖는 경우가 많다. 목가적이고 향토적인 감성은 회화적인 풍경과 더불어 떠오르는 경우
가 많다. 회화繪畫는 '그림 회繪'에 '그림 화畫'이므로 회화란 그림을 뜻한다.

동경적 – 예찬적

동경적   간절히 그리워하는 대상만을 생각함.

> 예문   너처럼 미국을 동경적으로 보니 우리나라가 초라해 보이지.

예찬적   훌륭함이나 아름다움을 우러러보는.

> 예문   기자가 공연을 너무 예찬적으로 묘사했어.

동경憧憬은 '그리워할 동憧'에 '그리워할 경憬'이므로 그리워한다는 뜻이다. 과거 아름다
운 시절이나 부러운 대상을 동경적으로 본다. 동경을 하면 예찬적인 태도를 취한다. 예
찬禮讚에서 '찬讚'은 존경하고, 우러러본다는 뜻이다. 도시의 삶에 찌든 사람들은 목가적
인 삶을 동경하고 예찬하는 경우가 많다.

감성적 – 애상적 – 동정적

감성적　감성에 영향을 잘 받는.

> **예문**　너는 너무 감성적이구나.

애상적　슬프고 가슴 아픈.

> **예문**　음악을 듣자 애상적 분위기가 방을 채웠다.

동정적　다른 사람을 안타깝게 여기는.

> **예문**　노숙자를 동정적으로 바라보는 시선.

**개념어
연결하기**

고향을 그리워하는 마음은 감성적이다. 감성에 젖으면 애상적이 된다. 애상적인 사람을
보거나 사연을 들으면 동정적인 마음이 생긴다. 애상哀想은 '슬플 애哀'에 '생각 상想'이
므로 '슬픈 생각'이다.

유사성 · 이질화 ··· 냉소적

란지와 나는 아랫집에 사는 외국인 노동자 부부 때문에 약간 다투었다. "나는 너네 동네가 싫어. 저런 사람들이 사니까 **위화감**이 들잖아?" 란지의 말에 나는 화가 났다. "왜? 저런 사람이 어때서? 너 그런 거, 한국인이라는 괜한 **우월감** 때문 아니야?", "어머~~ 내가 뭐랬다고? 그럼 넌? 저 사람들하고 말이라도 해 봤어?" 나는 란지의 질문에 아무 대답도 하지 못했다. 나와 그 사람들이 **유사성**이 있다고 한 번도 생각해 보지 못했고, 은연중에 낮춰보는 마음이 있었기 때문이다. 당연히 말을 먼저 건네지도 않았다. 겉으로는 아닌척했지만 속으로는 나도 란지와 다를 바 없었다. 괜한 **죄책감**이 밀려들었다.

그림으로 읽는 개념어

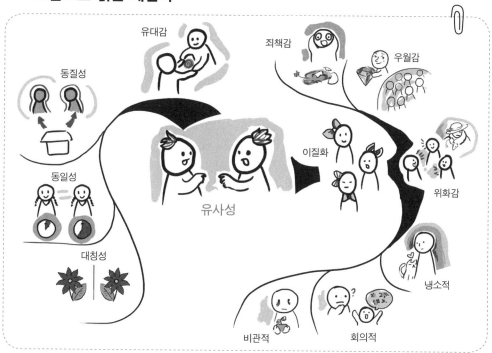

개념어 사전

유사성 – 유대감 – 동질성 – 동일성 – 대칭성

유사성   서로 엇비슷함.

> 예문   얼핏 보면 아니지만 자세히 보면 둘은 유사성이 많아.

유대감   서로 밀접하게 연결된 느낌.

> 예문   사랑을 하면 유대감이 생기지.

동질성   사람이나 사물의 근본 바탕이 같음.

> 예문   남한과 북한의 문화가 동질성을 잃으면 위험하다.

동일성   같은 성질.

> **예문** 처음부터 끝까지 동일성을 유지하는 태도가 멋져.

대칭성   기준을 중심으로 좌우 또는 상하가 서로 같은 상태를 일컬음.

> **예문** 좌우 대칭성이 깨지자 균형이 무너지고 한쪽으로 쏠렸다.

개념어 연결하기

유사類似에서 '유類'는 무리라는 뜻이며, '사似'는 닮았다는 뜻으로, 유사는 '비슷한 무리' 다. 유대紐帶에서 '유紐'는 맺는다는 뜻이며, '대帶'는 끈이나 띠를 뜻하니 유대는 '끈이나 띠 처럼 맺어진 관계'를 말한다. 동질同質과 동일同—에서 '동同'은 한 가지란 뜻이다. 유사성 이 있으면 유대감이 강하다. 유사성이 있다는 말은 동질성과 동일성이 있다는 뜻이며, 동일성이 강하면 유대감도 강하다. 기준을 중심으로 양쪽이 유사하면 대칭성을 띤다.

이질화 – 위화감 – 우월감 – 죄책감

이질화   본바탕이 달라짐.

> **예문** 남한과 북한의 언어 이질화가 심각한 수준이다.

위화감   조화롭지 않고 무언가 어색하고 어긋난.

> **예문** 다들 부자들이다 보니 평범한 나는 위화감이 들더라.

우월감   다른 사람보다 낫다고 느낌.

> **예문** 그 수준까지 오르면 우월감을 느낄 만도 해.

죄책감   잘못을 인정하고 책임을 느끼며 괴로워하는 마음.

> **예문** 죄책감에 잠을 이루지 못했다.

개념어 연결하기

이질異質에서 '이異'는 다르다, '질質'은 본바탕이란 말이므로 이질화는 '본바탕이 달라진 다'는 뜻이다. 위화違和에서 '위違'는 어긋난다는 뜻이며, '화和'는 서로 어울린다는 뜻이 니 위화감은 '서로 어울리지 못하는 느낌'이다. 이질화가 심하면 서로 위화감이 든다. 서로 다른 존재와 견줘 자신이 잘났다는 느낌이 들면 우월감이 든다. 내가 잘해서 성과를 내면 우월감이 들지만 크게 잘못해서 일을 그르치면 죄책감이 든다.

냉소적 – 회의적 – 비관적

냉소적   쌀쌀하고 차가운 태도로 비웃는.

      예문 내가 뭐라 해도 형은 항상 냉소적이었다.

회의적   의심을 품는.

      예문 그렇게 회의적인 태도를 보니 당황스럽더군요.

비관적   어둡고 슬프고 나쁘게 보는.

      예문 꿀벌이 사라진다면 인류의 미래는 비관적이야.

개념어 연결하기

냉소冷笑는 '차가울 냉冷'에 '웃을 소笑'로 '차갑게 웃는다'는 뜻이다. 회의懷疑는 '품을 회懷'에 '의심할 의疑'로 '의심을 품는다'는 뜻이다. 비관悲觀은 '슬플 비悲'에 '볼 관觀'으로 '슬프게 본다'는 뜻이다. 냉소적이면 회의적이고 비관적이기 마련이다. 그래서 냉소적, 회의적, 비관적은 서로 통한다.

공정성 · 타당성 · 통찰력 ··· 단정적

이야기 속
개념어

내가 말이 없자 란지는 신나서 계속 쫑알댔다. "외국인 노동자가 늘어나봐라~~ 우리나라 노동자는? 굶어죽으란 말씀?" **극단적**이었지만 가만 생각해 보니 란지 말에 아예 **타당성**이 없는 것도 아니라는 생각이 들었다. 란지는 자신이 무슨 **통찰력**이라도 발휘했다는 듯 우쭐했다. "글쎄, 그렇게 **단정적**으로 말하면 안 되지 않을까? 우리나라도 외국으로 나가 외화를 벌어왔잖아.", "야! 그건 옛날이잖아. 지금 우리랑 무슨 상관이야!" 란지는 옛날과 지금을 딱 분리해버렸다. 개구리가 되어 올챙이 적 시절을 잊어버리는 꼴이었다.

그림으로 읽는 개념어

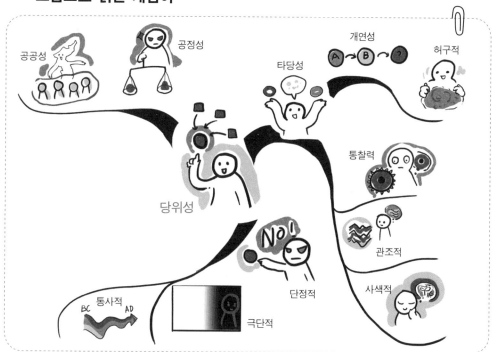

개념어 사전

공정성 – 공공성 – 당위성

공정성   공평하고 올바른 성질.

> **예문** 재판은 공정성이 생명이다.

공공성   개인이나 소수가 아니라 사회 전체의 이익을 우선하는 성질.

> **예문** 공공성이 높은 사업은 국가가 운영해야 한다.

당위성   마땅히, 당연하게 그리 되어야 함.

> **예문** 전쟁을 해야 할 당위성은 어디에도 없다.

개념어
연결하기

당위當爲는 '마땅할 당當'에 '될 위爲'로 '마땅히 되어야 한다'는 뜻이다. 공정公正과 '공공의 공公'은 공평하다는 뜻이며, '정正'은 바르다는 뜻이다. 공공公共의 '공共'은 함께, 같이를 뜻한다. 공정성과 공공성은 사회가 제대로 돌아가기 위해서 반드시 필요하다. 사회에서 높은 지위일수록 공정성과 공공성을 지켜야 할 당위성이 있다.

타당성 – 개연성 – 허구적

타당성   원리와 도리에 맞아 적절함.

> **예문** 반대편 주장에도 타당성이 있다.

개연성   확실하지는 않으나 그럴 가능성이 높은 상태.

> **예문** 범인은 혁수일 개연성이 높아.

허구적   사실이 아닌데 사실처럼 꾸민.

> **예문** 소설은 허구적인 이야기 속에 진실을 담는다.

개념어
연결하기

당위當爲와 타당妥當의 '당當'은 마땅하다는 뜻이다. 개연蓋然에서 '개蓋'는 대략, 대개를 뜻하고 '연然'은 그러하다는 뜻이니 개연蓋然은 '대략 그러하다'는 말이다. 당위성은 타당성을 근거로 한다. 개연성이 높으면 타당성도 높고 개연성이 낮으면 허구적이다.

통찰력 – 관조적 – 사색적

통찰력   사물의 본질을 꿰뚫어 보는 힘.

> **예문** 지금은 통찰력을 발휘해 미래를 대비할 때다.

관조적 고요한 마음으로 바라보는, 무관심하게 바라보는.

> **예문** 사물을 관조적으로 보면 보이지 않던 아름다움이 보인다.

사색적 깊이 생각하는.

> **예문** 사색적이지 못한 학생은 진짜 자기 공부를 못한다.

개념어 연결하기

통찰洞察에서 '통洞'은 밝다는 뜻이고, '찰察'은 살핀다는 뜻이니 통찰은 '밝게 살핀다'는 뜻이다. 관조觀照는 '볼 관觀'에 '비칠 조照'다. 통찰력은 '사물의 본질을 꿰뚫어보는 힘'이고, 관조적이란 말은 '고요한 마음으로 바라보는 것'이다. 관조적이며 통찰력이 있게 보는 사람은 사색적이기 마련이다.

단정적 - 극단적 - 통사적

단정적 칼로 무 자르듯 딱 잘라서 판단하거나 결정하는.

> **예문** 넌 너무 단정적으로 남을 판단해.

극단적 한쪽으로 크게 치우치는, 정도가 매우 심한.

> **예문** 아무리 힘들어도 자살은 극단적인 선택이다.

통사적 한 시대가 아니라 전 시대에 거쳐 역사를 서술함.

> **예문** 역사는 한 순간이 아니라 통사적으로 파악해야 한다.

개념어 연결하기

당위성이 있다고 해서 단정적이면 안 된다. 단정적이면 극단적이기 쉽다. 역사를 볼 때도 단정적이거나 극단적이기보다는 통사적으로 봐야 한다. 단정斷定의 '단斷'은 끊는다, '정定'은 정한다는 뜻이니 '끊어서 정한다', 즉 칼로 무 자르듯 딱 잘라서 판단한다는 뜻이다. 극단極端은 '다할 극極'에 '끝 단端'이다. 통사通史에서 '통通'은 통하다는 뜻이며 '사史'는 역사를 뜻한다.

명료화 · 내재적 ··· 심리적

이야기 속 개념어

드디어 새로 선출된 국회의원이 우리 동네의 개발 계획을 발표했다. 재개발의 골격은 동네의 **잠재적**인 가치는 살리고 생활하기 편리하도록 개발하겠다는 계획으로 **명료화**되었다. 마을 사람들도 크게 환영하는 분위기로 바뀌었다. 나는 내심 확 바뀐 동네를 기대했지만, 아빠는 동네 사람들의 갈등을 이만큼이라도 풀어내고 화합을 만들어낸 것이 다행이라고 하셨다. 놀기에 지쳤는지 가끔은 란지도 나와 함께 공부를 했다. 함께 공부를 해보니 란지도 꽤 괜찮은 아이란 생각이 들었다. **선천적**으로 부지런해, 놀 때는 놀지만 자기 할 일을 할 때는 확실하게 하는 아이라고 할까? 암튼 잠재적 능력이 있어 보인다. 잠재적 능력이 무엇인지 아직은 모르겠지만.

그림으로 읽는 개념어

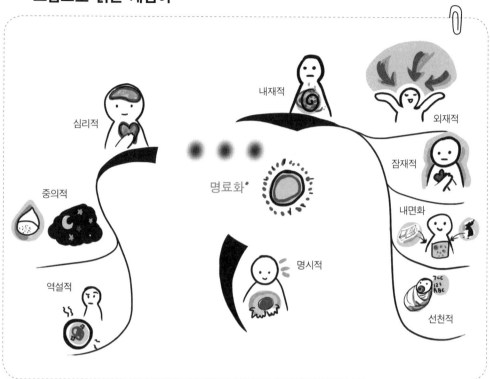

개념어 사전

명료화 – 명시적

명료화 뚜렷하고 밝게 함.

> **예문** 질문을 명료화하면 답을 찾기 쉽다.

명시적 뚜렷하고 밝게 드러내 보이는.

> **예문** 결과를 명시적으로 내야 한다.

↑

개념어
연결하기
명료明瞭는 '밝을 명明'에 '밝을 료瞭'다. 명시明示는 '밝을 명明'에 '보일 시示'다. 두 단어 모두 무언가를 밝게 한다는 의미다. 명료화는 '밝게 하는 것', 명시적은 '밝게 드러내어 보이는 것'을 뜻한다.

내재적 ↔ 외재적 – 잠재적 – 내면화 – 선천적

내재적 어떤 사물 속이나 범위 안에 있는.

> 예문 조직에 닥친 진짜 문제는 내재적인 갈등이 극심하다는 점이었다.

외재적 어떤 사물 밖이나 범위 바깥에 있는.

> 예문 외재적인 문제는 심각하게 여기지 않아도 좋아.

잠재적 겉으로 드러나지 않고 속에 숨은.

> 예문 뇌의 잠재적 능력이 어느 정도인지는 아무도 모른다.

내면화 마음 깊이 자리 잡음.

> 예문 배움을 내면화해야 실천하는 힘이 생긴다.

선천적 타고날 때부터 지닌.

> 예문 저 집안 아이들은 선천적으로 머리가 좋다.

↑

개념어
연결하기
내재內在, 외재外在, 잠재潛在의 '재在'는 있다는 뜻이다. 내재적은 '안에 있고', 외재적은 '바깥에 있고', 잠재적은 '숨어 있다'는 뜻이다. 내면화는 마음 안에 깊이 자리하여 내재적이고, 잠재적이 된 걸 말한다. 내재적, 잠재적인 것은 주로 선천적으로 타고나는 경우가 많다.

심리적 - 중의적 - 역설적

심리적   마음과 의식이 작용하는.

   예문 그런 상황에서는 심리적 갈등을 심하게 겪기 마련이야.

중의적   두 가지 뜻으로 해석이 가능한.

   예문 중의적인 단어에는 다리, 밤, 눈, 꿈, 바람 등이 있다.

역설적   겉보기에는 말이 안 되는 듯 보이지만 사실은 중요한 진리가 담긴.

   예문 즐거움만 좇다보면 역설적으로 삶이 즐겁지가 못하다.

**개념어
연결하기**   심리적인 면은 명쾌하게 잘 드러나지 않아서 중의적이기도 하고, 역설적이기도 하다.

철학편 109

연계 과목 _ 국어, 도덕, 사회, 역사

고난도 글도
스스로
독해한다

인문학 · 황금률 · 연대의식 ··· 감성

우리 동네가 바뀌었다. **감성**이 살아 있는 동네로 탈바꿈했다. 아름다운 길이 동네 곳곳을 연결하니 사람들 사이에 **연대의식**도 생겨났다. 재개발이란 모두 부수고 새 길을 내고, 새 건물을 세우는 것이라고 알고 있었는데 그건 낡은 **가치관**이었다. 엄마도 이런 재개발을 추진하는 사람이라면 아마도 **인문학**을 공부한 사람일 것이라며 처음과 달리 거의 광팬이 되셨다. 다만 요즘 란지가 좀 신경이 쓰인다. 말수가 부쩍 줄었다. 나와 **공감**할 수 있는 무엇이라도 있으면 좋겠는데, 아직 나에게 자신의 고민을 말하기 싫은가 보다. 방학이 끝나도 집으로 돌아가기가 싫은 걸까?

그림으로 읽는 개념어

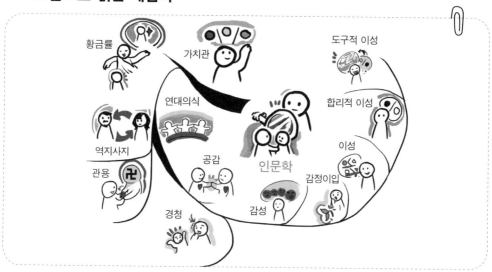

황금률 가치관 도구적 이성
연대의식 합리적 이성
역지사지
관용 이성
공감 인문학
경청 감성 감정이입

개념어 사전

인문학 – 가치관

인문학   사람을 연구하는 학문. 사람은 사람과 더불어 사람 속에서 살아야 하
므로 사람을 연구하고 공부하는 학문은 늘 해야 한다. 그런데 요즘 학
생들은 사람을 이해하는 힘이 떨어져 심각한 문제다. 사람을 이해하지
못하면 자신도 제대로 알지 못하게 되고, 다른 사람들과 관계도 제대
로 맺지 못하게 되어 사회생활에 어려움을 겪는다.

가치관   옳고 그름, 정의와 불의, 해야 할 것과 하지 말아야 할 것, 좋고 싫음 등
을 판단하는 관점.

**개념어
연결하기**   인문학을 배우는 가장 큰 목적은 가치관을 세우기 위해서다.

황금률 - 역지사지 - 관용

황금률 '남에게 대접을 받고자 하는 대로 너희도 남을 대접하라'는 예수님의 말씀. 이와 비슷한 말이 책이나 유명인의 명언에 많이 나와 있다. 그만큼 사회생활에서 절대적으로 지켜야 할 원칙이기에 '황금률'이라 부른다.

역지사지 서로 처지를 바꿔 생각해 봄.

관용 나와 다른 사람의 생각이나 신념, 종교를 인정하고 존중하는 태도. 인간은 완벽하지 않기에 자신이 틀릴 수도 있다는 것을 인정하는 겸손한 태도며, 내 생각이 귀한 만큼 상대방 생각도 귀하게 여겨야 한다는 믿음에서 비롯한 철학이다. 프랑스어로 '똘레랑스'라고도 한다.

개념어 연결하기 황금률은 옳고 그름을 판단하는 절대적인 기준이다. 역지사지는 황금률의 핵심 내용이다. 역지사지를 할 줄 아는 사람은 관용을 베풀 줄 안다.

연대의식 - 공감 - 경청

연대의식 사람끼리 서로 연결되어 있다는 생각. 연대의식이 있으면 나와 상관없는 일에도 안타까워하고, 도움을 주려는 마음이 생긴다. 연대의식이 약하면 이기심이 가득해 소외되는 이웃을 돌아보지 못한다.

공감 다른 사람이 느끼듯 나도 똑같이 느끼는 상태. 공감하면 서로 통하는 느낌이 들고, 관계가 가까워진다.

경청 온 마음과 정성을 다 기울여 상대의 말뿐 아니라 상대의 마음까지 헤아리며 듣는 자세.

개념어 연결하기 역지사지를 할 줄 아는 것은 연대의식이 있기 때문이다. 연대의식이 있는 사람은 상대 의견에 공감하고, 경청할 줄 안다.

감성 – 감정이입 – 이성 – 합리적 이성 – 도구적 이성

감성 [철학] 다섯 개의 감각 기관이 외부 자극을 받아 감각과 생각을 만들게 하는 성질. [심리학] 외부 자극에 따라 일어나는 외로움, 괴로움, 슬픔, 기쁨 등 다양한 감정.

감정이입 슬픔이나 기쁨 등 자신의 감정을 다른 사람이나 자연물에 옮겨서 대상이 느끼듯 자신도 느끼는 상태. 친구가 다치는 걸 보고 "어머, 얼마나 아플까?" 하는 것도 감정이입이 일어나기 때문이다.

이성 진짜와 가짜를 구분하고, 옳고 그름, 아름다움과 추함을 구분하는 능력. 생각할 줄 아는 능력.

합리적 이성 옳고 그름을 합리적으로 판단하고, 정의와 높은 가치를 추구하려는 인간의 지향이 담긴 이성.

도구적 이성 수단을 합리적으로 사용하는 이성적인 능력. 인간이 지닌 뛰어난 이성을 자신의 목적을 이루려는 수단으로만 사용하려는 경향을 비판할 때 쓰는 개념이다. 현대인들은 수단을 합리적으로 선택할 줄 아는 능력만 중요하게 여겨, 옳고 그름을 따지는 합리적 이성을 무시하는 경우가 많다.

개념어 연결하기 공감하면 감성이 통한다. 감성이 통하면 상대에게 감정이입이 된다. 감성이 느낌이라면 이성은 논리적인 판단이다. 이성은 합리적 이성과 도구적 이성으로 나뉜다.

자아실현 · 성찰 · 승화 ··· 좌우명

이야기 속
개념어

"학교를 그만두겠어요." 드디어 조용하던 란지가 폭탄선언을 했다. 어쩐지 그 동안 분위기가 이상하더라니. 란지는 '피할 수 없으면 즐겨라'란 말 대신 '즐길 수 없으면 피하라'가 **좌우명**이었다. 란지는 **자아존중감**이 강했고 그래서 그런지 이 선언을 할 때에는 모든 것을 **초월**한 듯했다. 란지가 학교를 그만두겠다는 가장 큰 이유는 스스로를 **성찰**하고 **자아실현**을 위해서란다. 그런데 이상한 것은 큰고모를 포함해 우리 집 식구들 중 아무도 놀라지 않는다는 거다. 마치 예상했던 일처럼 받아들이는 분위기다. 어쩌면 란지는 지금 **자아정체성** 때문에 고민하는지 모른다. 다만 고모부가 란지를 이해할 수 있을지 걱정이다.

그림으로 읽는 개념어

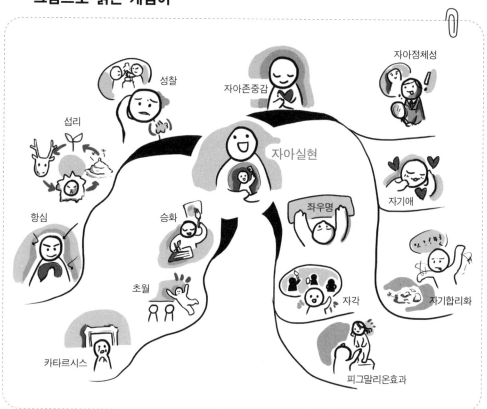

개념어 사전

자아실현 - 자아존중감 - 자아정체성 - 자기애 - 자기합리화

자아실현 개인이 지닌 재능과 뜻을 펼쳐서 자신이 목표한 꿈을 실현하는 것. 단순히 높은 사회적 지위에 오르거나 성공하는 것을 의미하지는 않는다. 자아실현은 '나다움'을 완전히 실현하고, 내가 가장 소중히 여기는 가치를 이루는 것을 말한다.

자아존중감 내가 나 자신을 귀하고 가치 있는 사람으로 여기는 믿음. 자아존중감(자존감)이 높으면 당당하고 즐겁게 산다. 자존심은 남과 견줘서 나를 높이려는 마음이지만, 자존감은 누구와 견주지 않고 오직 내 자신이라는 이유만으로 내가 귀하다고 느끼기 때문에 자존감이 높으면 행복지수도 그 만큼 높다.

자아정체성 내가 나 자신이라고 믿는 지속적이면서도 본질적인 나의 특성이나 이미지. 청소년기에는 자아정체성을 형성하는 시기로, 자아정체성을 제대로 형성하지 않으면 남에게 휘둘린다. 나답지 못한 삶을 살면 삶에 불만이 많아지고 내 자신이 불행하다고 느낀다.

자기애 자기 자신을 사랑함. '나르시시즘(Narcissism)'이라고도 하는데, 그리스 신화에서 물에 비친 자기 외모에 반했던 '나르키소스'에서 유래한 말이다.

자기합리화 자신이 잘못하거나 실수해서 생기는 죄책감에서 벗어나기 위해 그럴듯한 이유를 만들어 "난 그럴 수밖에 없었어." 하는 식으로 핑계를 대는 행위. 자기합리화는 스스로를 속이는 행위로서 자기합리화를 자주 하다 보면 진짜 자신을 잃어버리고, 실수를 인정하지 않으며 늘 핑계를 대는 사람이 된다.

개념어
연결하기

자아존중감이 높으면 자아정체성이 분명하다. 자아존중감이 높은 사람은 자아실현을 위해 애쓴다. 적당한 자기애는 자아존중감을 형성하고 자아실현을 하는 데 도움이 되지만, 지나친 자기애는 오히려 좋지 않은 영향을 끼친다. 자기합리화는 자기애가 지나치거나 자아존중감이 낮을 때 핑계를 대는 행위.

교과서 어휘력이 밥이다

성찰 - 섭리 - 항심

성찰   자기 마음을 반성하고 깊이 있게 살피는 자세.

섭리   세상을 지배하는 원리 또는 신의 뜻.

항심   늘 지니며 변하지 않는 떳떳한 마음.

↑

| 개념어 연결하기 |

자아실현을 위해서는 늘 자신을 성찰해야 한다. 성찰은 세상의 섭리를 깨닫기 위한 노력이며, 섭리를 깨달으면 높은 수준의 항심에 도달한다.

승화 - 초월 - 카타르시스

승화   [물리학] 고체에서 곧바로 기체로 변화되는 현상. [심리학] 성욕과 같은 욕망이 사회적으로 높은 가치를 실현하는 예술, 종교 활동으로 발전하는 현상. 수준 낮은 욕망을 담은 에너지가 높은 가치를 실현하는 에너지로 전환되었을 때 승화라고 한다.

초월   보통 사람은 넘어가지 못하는 어떤 한계나 능력을 뛰어넘는 상태.

카타르시스   예술 작품을 접하고 큰 슬픔이나 감동을 느껴 마음이 깨끗하게 바뀌는 경험. 큰 감동을 느끼고 난 뒤에는 마음에 맑고 환한 기운이 가득차기 마련이다.

자아실현을 위해서는 욕망을 승화해야 한다. 승화가 극에 달하면 초월 상태에 도달하는데, 카타르시스는 승화와 초월로 가는 길을 열어준다.

좌우명 – 자각 – 피그말리온효과

좌우명   좌우에 두고 올바로 살기 위한 지침으로 삼는 말. 좋은 좌우명은 어떤 힘든 일이 닥쳐도 굳건하고 충실한 삶을 가능하게 한다.

자각   자기 자신이 지닌 능력의 가치, 자신의 사명이나 목표, 자신의 정체성이나 신념 등을 스스로 깨닫는 것. 사람은 자신을 가장 잘 안다고 믿지만 오히려 남보다 자신을 잘 모르는 경우가 많다. 나를 잘 알아야 진정한 나로 살아갈 힘이 생긴다.

피그말리온효과   타인의 기대나 관심으로 인해 능력이 향상되거나 좋은 결과를 얻는 현상. 그리스 신화에서 유래한 말로 피그말리온이라는 조각가가 아름다운 조각상을 만든 다음 사람이 되게 해 달라고 간절히 빌었다. 신은 피그말리온의 정성에 감동하여 조각상이 여인이 되게 해주었다. 즉, 타인이 나를 존중하고 긍정적으로 기대하면 기대에 맞추기 위해 노력하게 되고, 실제 결과도 좋게 된다.

목표를 향해 나아가려는 사람들은 좌우명이 확고하다. 좌우명은 자기 자신을 정확히 파악하는 자각에서 출발해야 한다. 확고한 좌우명과 피그말리온효과가 결합하면 자아실현에 큰 도움이 된다.

개인주의 • 자유주의 ••• 실존주의

큰고모와 란지는 많이 닮았다. 외모도 그렇지만 **개인주의**와 **자유주의**를 지향하는 것까지 닮았다. 그러면서도 큰고모는 자칭 **낭만주의**자다. 고모부와 결혼할 때도 주위에서 반대했지만 "낭만적인 사람이야." 하면서 결혼했다고 한다. 뒤늦게 자기 마음에 안 든다고 이혼을 하려 하다니, 자기 생각만 하는 **이기주의**처럼 보이기도 한다. 란지의 자퇴 소식에 고모부가 충격을 받으셨는지 한걸음에 달려오셨다. 그러고 보면 부모님의 사랑은 **아가페**다. 고모부는 큰고모와 란지와 함께 대화해 보기를 원하셨다. 오직 자기 기준과 신념만 주장하셨던 분이 일방적으로 결정하지 않고 대화를 나누겠다고 하다니 정말 큰 변화다. 아무래도 큰고모와 우리 집에 계시는 동안 많은 생각을 하신 듯하다.

그림으로 읽는 개념어

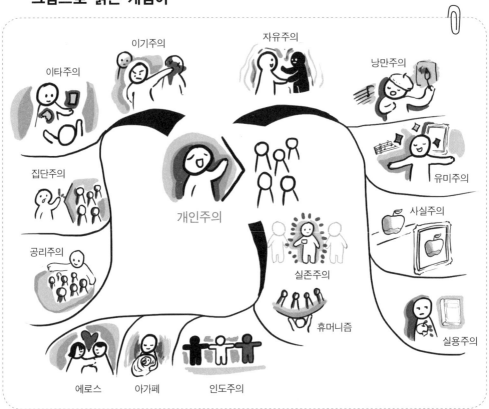

이기주의

이타주의

자유주의

낭만주의

집단주의

개인주의

유미주의

실존주의

사실주의

공리주의

휴머니즘

실용주의

에로스   아가페   인도주의

개념어 사전

개인주의 – 이기주의 ↔ 이타주의 – 집단주의 – 공리주의

개인주의 사회보다 개인이 우선한다는 생각. 개인의 권리와 자유를 중요하게 여겨 남에게 피해를 끼치지 않는 한 개인의 자유와 권리는 그 누구도 간섭할 수 없다고 믿으며, 사회적 시선보다 자신의 가치관을 더 중요하게 여긴다.

이기주의 자신의 이익이 그 어떤 것보다 앞서며, 다른 사람이나 사회의 이익은 고려하지 않는 태도나 자세.

이타주의 자신보다 다른 사람이나 사회를 위하는 태도나 자세.

집단주의 개인의 이익이나 권리보다 사회 전체의 이익을 더 우선하는 사상. 전체주의 국가나 공산주의 국가에서는 개인주의보다 집단주의를 더 강조한다. 공동체주의는 개인의 권리를 보장하면서 더불어 사는 삶을 강조하는 사상으로 집단주의와는 다르다.

공리주의 어떤 행위가 옳고 그른지 판단하는 기준은 인간의 행복을 늘리는 데 얼마나 기여하는지를 기준으로 결정해야 한다는 생각. 벤담이 말한 '최대 다수의 최대 행복'은 공리주의의 핵심인데, 최대한 많은 사람이 행복을 누리는 행동을 해야 옳다는 뜻이다. 다수의 행복을 추구하다보니 소수집단이나 개인의 권리를 침해하는 부작용이 생긴다.

개념어 연결하기

개인주의가 심하다 보면 이기주의가 되는 경향이 있다. 개인주의와 이기주의가 비슷한 면이 있기는 하지만 본질에서 다르다. 개인주의는 개인을 중심으로 생각하고 개인의 권리를 중요하게 여기는 태도지만, 이기주의는 개인의 이익만을 중심에 둔다. 이기주의와 이타주의는 반대다. 이타주의가 강해지다 보면 집단주의가 되기도 한다. 집단주의는 개인주의와 반대다. 공리주의는 사회 전체의 이익을 우선한다는 점에서 집단주의와 많이 닮았다. 때문에 공리주의는 개인주의와 충돌하기도 한다.

자유주의 – 낭만주의 – 유미주의 – 사실주의 – 실용주의

자유주의 개인이 지닌 개성을 존중하고, 개인의 자유를 최대한 보장해야 한다고 보는 사상.

낭만주의 18세기 말에 등장한 예술 경향으로, 주관적인 감정을 아름답게 표현하는 예술가들의 사상. 딱딱한 형식보다 자유로운 형식을, 지적인 면보다는 감성적인 면을 강조했다.

유미주의 오직 아름다움만을 예술의 근본으로 삼는 예술가들의 사상. 예술은 다른 목적이 없고 아름다움만 느끼게 하면 충분하다고 여긴다. 사회 참여나 철학적인 표현 따위는 전혀 중요하게 여기지 않는다.

사실주의 세상을 있는 그대로 정확하게 표현하려는 예술 사상. 미술, 문학, 영화 등에서 사실주의를 지향하는 예술가들은 현실의 모순을 비판하는 경향이 강하다.

실용주의 현실에서 쓸모가 높을수록 가치가 높다고 여기는 사상. 사회생활에 실제로 도움이 되는 것이 최고라고 여기며, 이론보다 실천을 강조한다.

개념어 연결하기

개인주의는 당연히 자유주의로 나아간다. 개인의 감정을 자유롭게 표현하는 낭만주의는 자유주의와 같은 뿌리다. 아름다움만 예술의 근본이라는 유미주의도 개인주의에서 나온 예술관이다. 사실주의는 낭만주의나 유미주의와는 전혀 다른 경향으로, 감정이나 예술적 아름다움보다는 사회적인 가치와 현실적인 면을 중요하게 여긴다. 실용주의도 감정이나 낭만, 아름다움보다는 현실적인 쓰임새를 더 중요하게 여긴다. 사실주의가 사회비판적이라면 실용주의는 사회적인 쓸모를 중요하게 여긴다는 점이 다르다.

실존주의 – 휴머니즘 – 인도주의 – 아가페 – 에로스

실존주의 실제 존재하는 현실로 인간의 근본적인 존재 목적과 방식을 탐구하는 철학. 개인은 자기 삶을 책임지고 살아야 하며, 자신의 가치는 오직 자기 자신이 결정하고 찾아가야 함을 강조한다.

휴머니즘   인간의 존엄성을 존중하는 사상. 인도주의, 인본주의, 인간주의, 인문
주의와 같은 뜻이다.

인도주의   인간은 인간이라는 이유만으로 귀하므로, 인류 모두가 행복하게 서로
공존하면서 살아야 한다는 사상. 정치, 종교, 민족, 피부색, 신분, 계층,
남녀노소를 떠나 인간을 인간으로 귀하게 여기는 사상이다.

아가페   무조건적이고 절대적인 사랑. 흔히 어머니가 자식을 사랑하는 마음을
아가페라고 한다.

에로스   성(性)적인 사랑. 또는 그리스 신화에서 사랑의 신을 지칭하는 말. 흔히
남녀 사이에 나누는 사랑을 에로스라 한다.

**개념어
연결하기**   실존주의는 삶의 가치를 스스로 찾아야 함을 강조한다. 휴머니즘과 인도주의는 인간
을 귀하게 여긴다. 인간 존재 가치를 중요하게 여긴다는 점에서 실존주의, 휴머니즘, 인
도주의는 비슷하다. 아가페는 무조건적 사랑이고, 에로스는 성(性)적인 사랑이다. 아가페
와 에로스는 사람을 사랑하고, 사람을 귀하게 여긴다는 점에서 그 뿌리는 인도주의와
휴머니즘이다.

생태주의 · 방아쇠효과 ··· 과학만능주의

이야기 속
개념어

고모부가 오셔서 린지와 큰고모는 집으로 돌아갔다. 어떠한 방법으로든 그 집에 가서 해결하기로 합의했기 때문이다. 가족은 같은 공간에서 부대끼면서 고민해야 해결이 되나 보다. 지역통화와 관련한 일을 하던 삼촌은 완전히 변했다. **슬로푸드**를 먹어야 한다며 집에서 고추장과 된장을 담그자고 해 엄마를 놀라게 하더니, 이제는 나를 붙잡고 **과학만능주의**에 관한 강의를 하느라 바쁘다. "작은 파괴는 큰 파괴를 불러. **방아쇠효과**지. 반면에 우리 동네는 작은 변화로 함께 **공생**하는 긍정적인 변화를 일으켰어. 이게 바로 **생태주의**야." 삼촌은 변하는 동네를 보며 뿌듯해했다.

그림으로 읽는 개념어

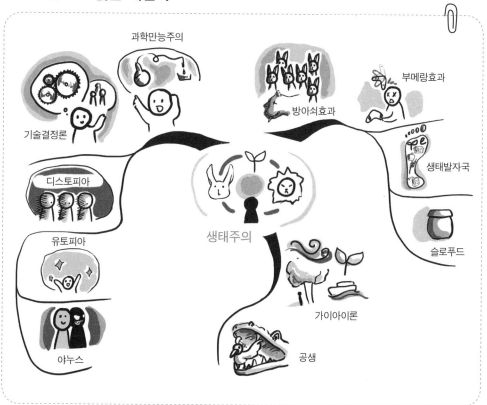

과학만능주의

부메랑효과

방아쇠효과

기술결정론

생태발자국

디스토피아

생태주의

유토피아

슬로푸드

가이아이론

야누스

공생

개념어 사전

생태주의 - 가이아이론 - 공생

생태주의 인간도 거대한 생태계의 일부이며, 인간은 자연 속에서 자연과 더불어
살아야 한다는 점을 강조하는 사상.

가이아이론 지구를 생물과 무생물, 대기와 땅, 바다가 하나로 연결되어 살아
숨 쉬는 생명체로 바라보는 이론. 가이아는 그리스 신화에 나오는 '대

지의 여신'을 가리키는 말이며, 가이아이론은 지구가 죽은 대상이 아니라 가이아처럼 살아 숨 쉬는 거대한 생태계임을 강조한다.

공생　함께 서로 돕고 의지하며 생존하는 상태. 동물이나 식물 중에 공생 관계가 많은데, 넓은 의미에서는 사람과 자연도 공생 관계고 사람과 사람도 서로 믿고 의지하며 살아야 하는 공생 관계다.

개념어 연결하기　가이아이론은 생태주의의 하나다. 공생은 생태주의의 핵심 사상이다.

방아쇠효과 – 부메랑효과 – 생태발자국 – 슬로푸드

방아쇠효과　어떤 작은 요인에 의해 발생한 생태계의 변화가 연속해서 영향을 끼쳐 생태계 전체의 균형이 깨지는 현상. 미국의 한 국립공원에서 늑대가 보기 싫다고 모두 사냥해 버리자 초식 동물이 늘어났고, 결국 숲이 망가지는 결과가 나타났다. 생태계는 서로 밀접히 연결되어 있기 때문에 어느 하나가 무너지면 전체 생태계가 크게 영향을 받는다. 방아쇠효과는 사회현상에도 그대로 적용된다.

부메랑효과　어떤 행동이 의도와 달리 나쁜 결과로 돌아오는 현상. 인간이 환경을 오염시켰지만 이제 오염된 환경으로 인해 사람들이 피해를 입는 것이 전형적인 부메랑효과다.

생태발자국　인간이 살아가면서 자연에 얼마나 큰 피해를 주는지 나타내는 숫자. 사람의 일상에 반드시 필요한 음식, 옷, 집, 에너지, 각종 상품 등을 생산하는 데 드는 토지면적과 배설물, 쓰레기 등을 처리하는 데 드는 토지면적을 합한 숫자다. 생태발자국이 클수록 자연에 큰 피해를 끼치므로, 생태발자국이 줄어야 환경을 보존할 수 있어 지속가능한 삶이 가능하다.

슬로푸드   패스트푸드와 달리 느리고 다양하며, 지역에 맞는 음식. 맥도날드, 코카콜라, KFC와 같은 거대 기업이 전파하는 패스트푸드는 입맛을 획일화시키고, 지역의 전통 음식문화를 파괴한다. 느리게 조리하고 지역에서 수확한 음식을 먹어야 건강하다.

개념어 연결하기

방아쇠효과와 부메랑효과는 세상이 서로 연결되어 있다는 생태주의 사상이 옳다는 증거다. 인간도 생태계 안에서 살아가기 때문에 생태계 일부를 파괴하면 생태계 전체가 영향을 받고, 결국 인간도 생존을 위협받는다. 생태계를 파괴하지 않으려면 생태발자국을 최대한 줄이기 위해 노력해야 하며, 패스트푸드가 아니라 슬로푸드를 먹어야 한다.

과학만능주의 – 기술결정론 – 디스토피아 ↔ 유토피아 – 야누스

과학만능주의   모든 문제를 과학으로 해결할 수 있다는 주장. 과학주의, 과학지상주의라고도 한다. 환경 문제, 에너지 문제를 제기하면 과학으로 이 모든 문제를 해결할 수 있다고 주장하지만 이런 주장은 아주 위험하다. 인간이 지닌 그 어떤 능력도 우리 앞에 닥친 모든 문제를 완벽하게 해결하지 못하기 때문이다.

기술결정론   기술이 사회에 결정적인 영향력을 끼친다는 생각. 사회는 다양한 요소들이 복합적으로 영향을 끼쳐 변화하는데도 기술이 끼치는 영향을 지나치게 크게 본다는 비판을 받는다.

디스토피아   유토피아와 반대말. 어둡고 음침하며 불행이 가득한 사회.

유토피아   세상에는 존재하지 않는 천국과 같은 사회. 파라다이스, 무릉도원, 이상향 따위와 같은 말이다.

야누스 그리스 로마 신화에서 전혀 다른 두 얼굴을 지닌 채 문을 지키는 신. 야누스가 두 얼굴을 지녔기에 이중적인 사람이나 상황을 가리켜 야누스라 한다.

과학만능주의는 생태주의에 반대되는 사상이다. 과학만능주의를 주장하는 사람들은 기술결정론을 주장하는 경우가 많다. 과학만능주의와 기술결정론을 무조건 믿고 따르다가는 결국 인류가 디스토피아로 갈 가능성도 있다. 유토피아는 디스토피아의 반대다. 인간에게 편리함을 선물유토피아해 주었지만 생태계를 파괴하는 결과디스토피아를 낳았다. 어쩌면 과학은 야누스를 닮았는지 모른다.

형이상학 · 절대자 ··· 연역법

이야기 속
개념어

"작은오빠는 너무 추상적이고 **형이상학**적이야. 세상이 그렇게 만만하지 않다니까요." 작은고모의 목소리다. 또 시작인가? 고모와 삼촌의 언쟁이 시작되나 보다. 아무튼, 만나기만 하면 **유물론**이 어떻고 **관념론**이 어떻고 하면서 두 사람은 개와 고양이처럼 싸운다. 나는 도통 무슨 말인지 알아들을 수 없지만, 그나마 생활비 때문은 아닌 것 같아서 다행이다. "**귀납법**으로 판단했을 때도, **연역법**으로 생각해 봐도 이 세상에 **절대자**는 없어." 작은고모가 삼촌에게 따지고 들자, 삼촌이 조용히 말했다. "신은 논리적으로 판단해서 믿는 게 아니야." 삼촌이 갑자기 절대자를 믿다니 도대체 삼촌에게 무슨 일이 생긴 걸까?

그림으로 읽는 개념어

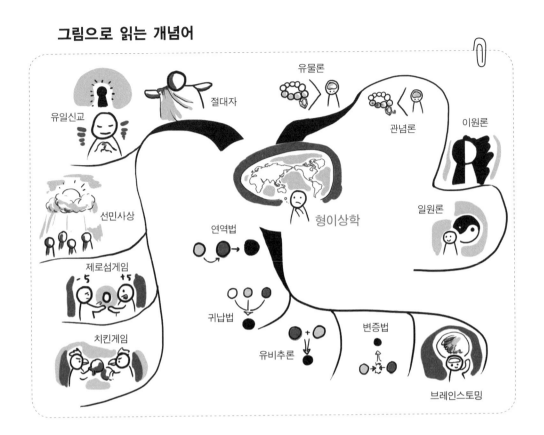

개념어 사전

형이상학 – 유물론 ↔ 관념론 – 이원론 ↔ 일원론

형이상학 세계의 본질이 무엇인지, 세상을 관통하는 근본 원리가 무엇인지 탐구
하는 철학.

유물론 물질과 정신 중에서 물질이 근본이고 우선한다는 철학.

관념론 정신과 물질 중에서 정신이 근본이고 우선한다는 철학.

이원론 세상을 두 개의 근본 원리의 대립으로 보려는 사고방식. 감성과 이성,

빛과 어둠, 선과 악, 양과 음, 빠름과 느림, 남성성과 여성성, 물질과 정신 등 대립하는 두 성질을 바탕으로 세상을 이해하려고 한다.

일원론 세상의 근본은 오직 하나라고 보는 견해. 이원론과 달리 단 하나의 근본 원리가 세상을 관통한다고 본다. '주역'에서는 태극을 세상의 근원으로 본다. 태극이 세상의 근원이라고 본다는 점에서 일원론처럼 보이나 음과 양이 상호보완적으로 존재하면서 모든 존재의 근원을 이루고, 음과 양을 태극이 품는다는 점에서 단순한 일원론도 아니다. 크리스트교와 이슬람교와 같은 유일신교는 일원론이다.

개념어
연결하기

물질이 근본이라고 주장하는 형이상학이 유물론, 정신이 근본이라고 주장하는 형이상학이 관념론이다. 이원론은 세상의 근본 원리를 대립으로 보려는 형이상학이며, 일원론은 세상의 근본을 하나로 보는 형이상학이다.

절대자 – 유일신교 – 선민사상 – 제로섬게임 – 치킨게임

절대자 완전무결한 신을 일컫는 말.

유일신교 오직 하나의 신만을 믿는 종교. 크리스트교 계열의 종교는 하나님을 유일신으로, 이슬람교는 알라를 유일신으로 모신다.

선민사상 하늘이 선택한 백성이란 사상. 고구려 광개토대왕비에는 고구려인들이 하늘의 후손임을 주장하는 글이 나오고, 이스라엘인들은 자신들만이 하느님의 선택을 받은 민족이라고 생각을 하는데 이런 생각이 선민사상이다. 선민사상은 민족에 대한 자부심을 키울지 모르지만 타민족을 업신여기고 억압하는 사상으로 작용하기도 하여 바람직한 사상이 아니다.

제로섬게임　　한쪽이 본 이득과 다른 쪽이 본 손해를 더하면 제로(0)가 되는 게임. 두 팀이 맞서서 승패를 겨루는 스포츠 경기가 전형적인 제로섬게임이다. 한쪽은 무조건 이득을 보고 한쪽은 손해를 보기 때문에 절대 양보하려 하지 않는 현실을 분석할 때 쓰는 게임이론이다.

치킨게임　　치킨은 '겁쟁이'란 뜻으로 중간에 포기하는 겁쟁이를 가려내는 게임. 예를 들어 자동차를 마주보고 몰아서 충돌하기 전에 겁을 집어먹는 쪽이 먼저 핸들을 트는 것과 같은 방식으로 겁쟁이를 가려낸다. 치킨게임은 한쪽이 완전 굴복하거나, 아니면 서로 굴복하지 않아 파멸로 이어지는 비극적인 현실을 분석할 때 쓰는 게임이론이다.

> **개념어 연결하기**
>
> 일원론은 절대자의 존재를 내세우는 경우가 많다. 단 하나의 절대자를 신봉하는 종교가 유일신교다. 유일신교를 믿는 민족 중에서 선민사상을 내세우는 경우도 있다. 유일신교를 믿는 종교끼리는 서로 대립하는 경우가 많다. 특히 이슬람교와 기독교/유대교는 서로 화합하지 못하고 제로섬게임, 치킨게임을 벌여 수많은 갈등과 전쟁을 빚었다.

연역법 ↔ 귀납법 - 유비추론 - 변증법 - 브레인스토밍

연역법　　일반적인 이론을 근거로 구체적인 사례가 옳고 그른지 판단하는 사고방식. 순수하게 생각의 힘으로 결론을 내리기 때문에 합리론에서 주로 사용하는 방식이다.

귀납법　　옳고 그름을 판단할 때 구체적인 사례를 바탕으로 일반적인 이론을 끌어내는 논리적 사고방식. 경험을 통해 이론을 끌어내기 때문에 경험론에서 사용하는 연구 방식이다.

유비추론 서로 비슷한 점을 이용해 결론을 이끌어내는 논리학의 한 방식. 줄여서 '유추'라 한다. 수학의 '닮음'을 떠올리면 된다. 닮으면 성질이나 특성도 비슷할 거라고 보는 것이다. 과학, 철학뿐 아니라 일상생활에서 많이 쓰는 방식이다. 유추는 비슷할 뿐 똑같지 않기 때문에 정확한 결론은 아니며, 다양한 검증을 통해 주장을 검토해야 한다.

변증법 정반합(正反合)을 통해 세상이 변화하는 원리를 탐구하는 이론. 우리가 흔히 옳다고 믿는 생각은 그 안에 어떤 모순이나 한계를 담고 있다(정正). 일정 시간이 지나면 이 모순이나 한계가 드러난다(반反). 모순과 한계를 극복하면 새로운 생각과 결론에 다다른다(합合). 이런 과정은 한 번에 끝나지 않으면 끊임없이 일어나는데, 정반합으로 세상의 변화를 설명하고 물질의 본질을 파악하려는 연구 방법을 변증법이라 한다. 변증법은 모든 것은 변하며, 변하지 않는 것은 오직 '모든 게 변한다는 사실'뿐이라고 주장한다.

브레인스토밍 하나의 주제에 대해 폭풍이 몰아치듯 머리에서 생각나는 아이디어를 쏟아내어 그 중에서 가장 효과적인 방법을 찾아내는 집단적 토의법. 브레인스토밍을 하면 평소에 생각하지도 못했던 의외의 방법이 쏟아져 나오는 경우가 많으므로 새로운 대안을 찾으려 할 때 많이 사용하는 토론 방법이다.

개념어 연결하기

연역법, 귀납법, 유비추론, 변증법은 모두 형이상학에서 세상의 근본원리를 연구할 때 사용하는 논리적 방법이다. 연역법과 귀납법은 서로 대립하지만, 한편으로는 서로 의존하는 논리적 방법이다. '유비추론'은 비슷한 면을 통해서 새로운 것을 판단하는 논리적 방법이고, 변증법은 세상의 변화를 연구하는 논리적 방법이다. 브레인스토밍은 논리적인 연구방법이 아니라 집단적인 창의력으로 새로운 방법과 생각을 찾아내기 위해 사용하는 토의법이다.

관습 · 비인간화 ··· 권위주의

이야기 속
개념어

삼촌이 달라진 이유를 알았다. 연애였다. 그것도 무려 10살 연하랑! 가족들은 평생 혼자였던 삼촌이 연애를 한다니 모두들 환영하기는 했지만 상대가 너무 어려서 말이 많았다. 특히 작은고모의 처지에서는 그럴만했다. "오빠! 내가 **선입견** 때문에 그러는 건 아니야. 종교도 그렇고, 나이도 그렇고. 무엇보다 나보다 한참 어린데 언니라고 불러야 하잖아. 너무하지 않아?" "연애에 나이를 따지는 건 잘못된 **관습**이야. 나이가 비슷한 사람끼리 만나야 한다는 생각은 **고정관념**이지." 삼촌은 싱글벙글이다. "**비인간화**되고 **몰개성**이 판치는 세상에서 그녀는 천사야!" 삼촌의 얼굴에서 웃음이 떠나지 않았다.

그림으로 읽는 개념어

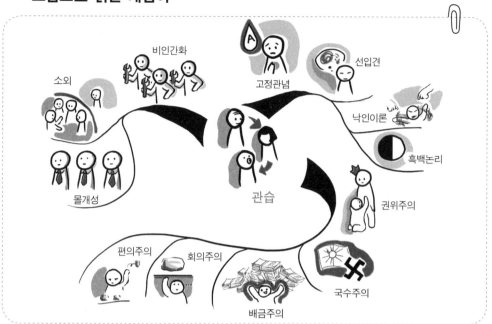

개념어 사전

관습 - 고정관념 - 선입견 - 낙인이론 - 흑백논리

관습 예로부터 수많은 사람들이 습관적으로 되풀이해온 행동 양식.

고정관념 어떤 대상이나 집단에 대해 많은 사람들이 별 생각 없이 지니는 고정된 생각. 'A형은 소심하다', '경상도 남자는 무뚝뚝하다', '공부는 재미없다'와 같이 깊이 고민하지도 않고 무작정 그렇다고 믿는 고정관념은 창조적인 능력을 떨어뜨리고 편견을 부추긴다.

선입견 제대로 알지 못하면서 실제로 접해보기도 전에 미리 하는 그릇된 생각.

낙인이론 누군가가 부정적으로 판단하고 나쁜 사람이나, 못난 사람으로 취급하면 실제로 그런 사람이 되어버린다는 이론. 학생들을 대상으로 한 어떤 실험에서 선생님이 실력이 좋을 거라고 기대하는 학생은 실제로 뛰어난 실력을 발휘하고, 선생님이 부족한 학생이라고 여기면 그 학생의 실력과 상관없이 정말 실력이 형편없는 학생이 된다는 결과가 나오기도 했다.

흑백논리 모든 문제를 흑과 백, 옳고 그름, 선과 악, 이익과 손해로만 나누어 극단적으로만 보고 다른 생각은 인정하지 않는 태도.

**개념어
연결하기** 관습은 좋은 것도 있고 나쁜 것도 있다. 고정관념은 옳지 못한 관습이다. 고정관념에 빠진 사람들은 선입견으로 사람을 잘못 판단하는 경우가 많다. 잘못된 선입견으로 사람을 판단하면 그 사람이 진짜 좋지 않게 된다고 낙인이론은 설명한다. 고정관념, 선입견과 마찬가지로 흑백논리도 옳지 못한 태도다.

비인간화 - 소외 - 몰개성

비인간화 인간이 인간다움을 잃고 기계처럼 살아가거나, 옳지 못한 행동을 일삼는 상태를 가리키는 용어.

소외 자신이 속한 집단에서 외톨이가 되는 현상 또는 주인이 되지 못하고 대상이 되어버리는 상태. 마르크스는 자본주의 사회에서 노동자들이 생산의 주인이 되지 못하고 기계와 자본가의 노예가 되는 노동소외가 심각하게 발생한다고 비판했다.

몰개성 개성이 없는 상태.

개념어
연결하기
잘못된 관습은 비인간화를 낳는다. 소외와 몰개성은 대표적인 비인간화 현상이다.

권위주의 – 국수주의 – 배금주의 – 회의주의 – 편의주의

권위주의　높은 권위에 기대어 일을 하고 사람을 대하는 자세. 권위주의에 빠진
사람은 권위가 높은 사람에게는 무조건 복종하고, 자신보다 권위가 낮
은 사람은 얕보고 함부로 대한다.

국수주의　자기 민족이 우수하다는 생각이 깊어 오직 자기 민족만 최고로 여기고
다른 나라는 업신여기며 억압하는 태도. 히틀러의 나치즘, 일본의 군
국주의가 대표적인 국수주의다.

배금주의　돈을 가장 소중하게 여겨 지나칠 정도로 돈의 가치를 중요하게 여기는
생각. 물질만능주의와 비슷한 개념이다.

회의주의　인간이 지닌 감각과 능력은 주관적이고 상대적이어서 한계가 분명하
므로 아무리 노력해도 근본적인 진리에 도달하지 못한다고 보는 사상.
어떤 사상도 완벽하다고 보지 않고 항상 의심한다. 인간은 절대 궁극
의 진리를 알지 못한다는 '불가지론'과 통한다.

편의주의　어떤 일을 제대로 처리하지 않고 대충 처리하려는 경향.

개념어
연결하기
높은 권위를 앞세우는 권위주의, 자기 민족만 잘났다는 국수주의, 돈이 최고라고 여기
는 배금주의, 인간을 믿지 못하는 회의주의, 대충 일을 처리하려는 편의주의는 피해야
할 사고방식이다. 이런 것들은 모두 좋지 않은 생각이다.

홍익인간 · 자비 · 내세관 ··· 기복신앙

"헐! 그 아가씨는 **홍익인간**을 실천하려고 오셨나? **자비**를 실천하려고 오셨나? 도대체 오빠 같은 사람을 왜 좋아한대?" 작은고모는 경제적인 능력을 결혼 조건에서 제일 중요하다고 본다. 그런 작은고모가 보기에 삼촌처럼 경제력이 없는 사람을 좋아하는 여자를 이해할 수 없나 보다. "내가 전생에 나라를 구했나 보지. 하하하! **인과응보** 아니겠어?" 아무래도 삼촌이 바보가 되었나 보다. 작은고모가 무슨 말을 해도 헤헤거리니 말이다.

그림으로 읽는 개념어

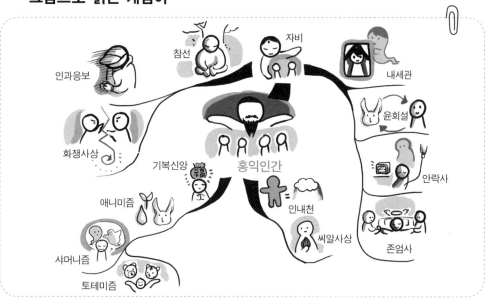

개념어 사전

홍익인간 - 인내천 - 씨알사상

홍익인간 단군이 고조선을 건국할 때 세운 이념으로 '널리 인간을 이롭게 한다' 는 뜻으로 단군이 고조선을 건국할 때 세운 이념. 홍익인간은 우리 민족 사상의 뿌리요 핵심이다.

인내천 '사람이 곧 하늘이다'는 뜻. 동학의 핵심 이념으로 모든 인간은 하늘처럼 귀하고 평등함을 나타낸 말이다. 신분차별을 심하게 받던 평민, 노비, 여성, 서자들에게는 빛과 같은 선언이었다.

씨알사상 사람 안에 영원한 영혼의 생명인 씨알이 있어서, 사람이 역사와 사회의 주체라는 사상. 사람에겐 씨알이 있으므로 사람이 제일 귀하고, 사람이 역사와 사회의 본바탕이다.

개념어 연결하기

'사람을 이롭게 하라'는 홍익인간, '사람이 곧 하늘이다'는 인내천, '사람이 역사와 사회의 주체'라는 씨알사상, 모두 사람을 가장 귀하게 여기는 사상으로, 우리 조상에게 물려받은 소중한 정신유산이다.

자비 – 참선 – 인과응보 – 화쟁사상

자비   불교의 핵심 사상으로 다른 사람들을 깊이 사랑하고 가엾게 여기는 태도. 부처님의 자비는 중생에 대한 사랑이다.

참선   심신(心身)을 정갈히 하고 맑게 호흡하면서 자기 자신의 참 모습을 찾는 수련법. 부처님은 49일 동안 보리수나무 아래서 참선했다고 한다. 참선은 스님들이 수련할 때 많이 해 왔는데 근래에는 일반인들도 많이 한다.

인과응보   '뿌린대로 거둔다'는 의미로, 원인과 결과가 서로 맞장구친다는 뜻. 전생에 쌓은 선과 악에 따라 현재 삶에서 행복과 불행을 받고, 현재 삶에서 어떻게 사느냐에 따라 다음 생에서 행복과 불행을 받는다고 한다. 인연으로 이어진 세상에서 내가 한 행동은 누군가에게 반드시 영향을 끼치기 마련이다. 나쁜 일을 하면 나쁜 결과가 돌아오기 마련이며, 좋은 일을 하면 하늘이 복을 준다. 인과응보가 무섭기에 인연을 소중히 하고 현재를 충실히 살아야 한다.

화쟁사상   모든 대립과 논쟁을 화합으로 바꾸려는 불교사상. 신라 때 원효가 제시한 사상으로 궁극에는 모든 원리가 하나로 모인다는 깨달음을 바탕으로 한다.

개념어
연결하기

불교는 우리 역사에서 가장 중요한 종교였다. **자비**는 불교 사상의 핵심이고, **참선**은 대표적인 불교 수행법이다. **인과응보**와 **화쟁사상**은 불교에서 매우 중요하게 여기는 사상이다.

내세관 – 윤회설 – 안락사 – 존엄사

내세관 죽음 뒤 세상을 바라보는 관점. 죽음으로 인간의 삶이 끝나는 게 아니라 또 다른 형태나 차원으로 계속 이어진다는 믿음을 내세관이라 한다. 내세관은 주로 종교와 밀접한 관련을 맺는다. 각 종교마다 내세관이 차이가 있기는 하지만, 인간의 생이 한 번으로 끝나지 않고 어떤 형태로든 지속된다는 점에서는 동일하다. 물론 내세가 없다는 신념도 또 하나의 내세관이기도 하다.

윤회설 불교 교리의 하나로 사람이 죽으면 끝이 아니고 거듭해서 새로운 세상에 새로운 생명으로 태어난다는 사상.

안락사 완치되지 않는 병으로 고통받는 환자를 고통에서 벗어나게 해 주기 위해 약물 등으로 사망에 이르게 하는 것. 안락사에는 '소극적 안락사'와 '적극적 안락사'가 있다. 소극적 안락사는 자연스럽게 죽도록 내버려두는 것이며, 적극적 안락사는 약물 등을 이용해 고통 없이 죽이는 것이다. 안락사에 대한 찬반논쟁은 지금도 계속되고 있다.

존엄사 인간다움을 지키고 삶을 차분하게 정리하면서 맞이하는 죽음. 의학적인 힘으로 무의미하게 생명을 연장하거나 고통을 잊기 위해 죽음을 선택하는 것이 아니라, 따뜻한 보살핌 속에서 자기 삶의 의미를 되돌아보며 죽음을 받아들이는 것이 존엄사다.

**개념어
연결하기** 불교의 내세관은 윤회설이다. 윤회설을 믿거나 신의 존재를 믿으면 죽음을 두려워할
필요가 없다. 죽음을 두려워하는 사람들이 많아 안락사에 대한 관심이 많지만, 진정 편
안한 죽음은 단순히 고통을 줄여주는 안락사가 아니라 죽음을 준비하고 받아들이도록
도와주는 존엄사다. 피하지 못할 죽음을 두려워만 하지 말고 인간으로서 존엄을 지키
며 죽는 존엄사를 고민해야 하지 않을까?

기복신앙 – 애니미즘 – 샤머니즘 – 토테미즘

기복신앙   복을 구하기 위해 믿는 신앙. 힘없는 서민들은 종교에 의지하면서 복
을 구하려는 마음이 생기기 마련이고, 그러면서 자연스럽게 기복신앙
이 생겨났다. 그러나 종교는 인간 본질에 대해 깨달음이나, 신에게 더
가까이 다가가기 위함이므로 복을 구하기 위해 믿는 것은 원래 종교의
목적과는 맞지 않다.

애니미즘   생명체뿐 아니라 식물과 같은 무생물에게도 영혼이 있다는 믿음. 애니
미즘은 세상 만물에 영혼이 있다고 여긴다.

샤머니즘   신령, 혼령처럼 초자연적인 존재와 통하는 샤먼(무당)을 중심으로 하는
원시적인 종교.

토테미즘   곰이 조상이라거나, 호랑이가 조상이라는 식으로 동물이나 식물이 종
족의 뿌리라는 믿음에 바탕을 둔 원시적인 믿음.

**개념어
연결하기** 종교는 크게 깨달음을 추구하는 종교와 복을 얻기를 바라는 기복신앙으로 나뉜다. 수
준 높은 종교는 신에게 가까이 다가가는 깨달음을 추구한다. 기복신앙은 원시적인 종교
지 높은 수준의 종교가 아니다. 애니미즘, 샤머니즘, 토테미즘은 기복신앙과 마찬가지
로 원시적인 종교 형태다.

유교 • 인(仁) ••• 신독

이야기 속
개념어

　　　　　　　　　말 많고 탈 많던 삼촌이 10살 연하의 여자친구와 결혼한다. "엄마, 그럼 삼촌은 나가서 사시는 거예요?" 삼촌의 결혼 이야기가 나오자 누나의 첫 마디였다. **삼강오륜**을 강조하며 **유교**가 최고라고 강조하는 할머니 때문에 다른 종교를 믿는 삼촌의 여자친구가 같이 살 수 있을까 싶다. 오죽하면 우리 집 가훈이 '**인**(仁)을 실천하고 늘 **일신우일신**하여라'일까? 그런데 참 의외였다. 삼촌의 여자친구는 자신의 종교와 상관없이 할머니와 우리 집을 이해한다고 했다. 옛것이 나쁜 것이 아니며, 믿음이 다르더라도 **중용**을 실천하면 된다고도 했다. 나이는 삼촌보다 10살이나 어리지만 훨씬 현명했다. 이런 분이 우리 집에서 같이 살면 좋기는 하겠지만, 이 좁은 집에 한 사람이 더 들어온다고 생각하니 갑자기 막막했다.

개념어 사전

유교 – 제자백가 – 도교 – 성리학

유교   공자에서 출발한 중국의 철학 사상. 인(仁)을 최고 이념으로 삼고 인간이 실천하고 따라야 할 도덕과 정치 원칙 등이 담긴 사상이다. 중국, 한국, 일본에서 수천 년 동안 가장 강력한 영향력을 발휘한 사상이다. 제자백가에서는 '유가'라고 부른다.

제자백가　중국 춘추전국시대(기원전 8세기~기원전3세기)에 이름을 드높인 학자와 학파들을 통틀어 가리키는 말. 공자, 맹자, 노자, 장자, 묵자, 순자, 한비자를 비롯한 수많은 학자들과 유가, 도가, 묵가, 법가, 농가와 같은 여러 학파를 통틀어 제자백가라 한다.

도교　자연의 순리를 지키고 따르며, 억지스럽지 않게 순리에 따라 살아야 한다는 노자와 장자의 사상을 바탕으로 탄생한 철학 또는 종교다. 유교와 더불어 중국의 양대 철학이다. 오늘날에는 자본주의가 발전함에 따라 생기는 수많은 문제점을 극복하는 대안으로 도교를 찾는 사람들이 많다. 제자백가에서는 '도가'라고 부른다.

성리학　중국 송나라, 명나라 때 성립한 유교의 한 학설. 기존 유교는 정치, 도덕적인 성격이 강했으나 성리학은 세계의 근본 원리와 인간의 본질 따위를 깊이 연구하여 철학적인 면이 강화되었다.

개념어 연결하기

유교유가는 제자백가의 하나로 제자백가 중 가장 널리 퍼진 사상이다. 도교도가는 유교와 대립하였으며, 중국 역사에서 유교에 맞선 가장 강력한 사상이었다. 성리학은 유교의 한 학설로 조선시대 우리나라를 지배한 사상이었다.

인(仁) - 중용 - 삼강오륜 - 성선설 - 성악설

인(仁)　'어질다'는 뜻으로 공자의 중심 사상. 어질다는 것은 모든 착함의 근본이며, 인간 행동의 기본이다. 공자가 인(仁)의 뜻을 분명하게 설명하지 않고 다양한 예를 들었을 뿐이기에 인(仁)의 뜻이 정확히 무엇인지 말하기는 어렵지만, 인간이 지키고 따라야 할 근본이라는 점은 분명하다.

중용	어느 쪽에도 치우치지 않은 올바른 원리. 흔히 찬성과 반대 그 어느 쪽도 아닌 중간을 의미하는 중립으로, 중도와 비슷한 말로 여기는 경우가 많지만 중용은 그런 뜻이 아니다. 중용은 중심이 되는 도리, 즉 '하늘의 도리'에 따라 균형잡힌 삶을 살라는 뜻이다.
삼강오륜	유교에서 도덕의 기본이 되는 덕목. '삼강'은 '군위신강(君爲臣綱)', '부위자강(父爲子綱)', '부위부강(夫爲婦綱)'으로 임금과 신하, 어버이와 자식, 남편과 아내 사이에 지켜야 할 도리를 가리킨다. '오륜'은 '부자유친(父子有親)', '군신유의(君臣有義)', '부부유별(夫婦有別)', '장유유서(長幼有序)', '붕우유신(朋友有信)'으로 아버지와 아들 사이에는 친밀함이, 임금과 신하 사이에는 의리가, 부부 사이에는 서로 구별함이, 어른과 어린이 사이에는 위와 아래가, 벗끼리는 믿음이 있어야 한다는 뜻이다.
성선설	인간의 본성이 원래 착하다는 주장. 맹자는 누군가를 불쌍히 여기는 '측은지심(惻隱之心)', 부끄러움을 느끼는 '수오지심(羞惡之心)', 양보하려는 마음인 '사양지심(辭讓之心)', 옳고 그름을 가리려는 '시비지심(是非之心)'을 인간의 네 가지 본성으로 규정하며 성선설을 주장했다.
성악설	인간의 본성이 원래부터 악하다는 주장. 순자는 사람은 욕망을 지녔기에 그대로 두면 사회가 혼란스러워지고, 나쁜 행동을 마구 할 거라면서, 사람이 바르게 살기 위해서는 스스로 마음을 닦고 제대로 된 교육을 받아야 함을 강조했다.

개념어 연결하기

인仁은 유교의 핵심 사상이다. 중용은 우주의 원리에서 나온 삶의 원칙으로, 선비들은 중용을 실천하기 위해 애썼다. 유교에서는 삼강오륜을 강조하며 인간은 본성에서 착하다는 성선설을 주장한다. 성선설은 유교에서 공자 다음으로 중요한 맹자가 주장했는데, 순자는 성악설을 주장하며 맹자의 의견에 반대했다.

신독愼獨 - 일신우일신 - 장인정신

신독 남이 전혀 보지 않는 상황에서도 올바르게 행동하고 생각하려는 태도. 유교를 따르던 선비들은 일상생활에서 누가 보지 않아도 단정하게 행동하고, 바르게 생각하려고 노력했다. 남의 눈이 있을 때만 그럴 듯하게 보이기 위해 애쓰는 현대인들에게 신독은 꼭 필요한 자세다.

일신우일신 나날이 더욱 새롭게 발전함. 사람은 하루도 멈추지 않고 더 나은 사람이 되기 위해 노력해야 한다. 옛 선비들은 자신을 갈고 닦는 일을 게을리하지 않았다.

장인정신 어떤 기술이나 일에서 최고의 경지에 이른 사람을 '장인匠人'이라 부르는데, 장인이 되기 위해 노력하는 정신 또는 장인이 일을 완벽하게 하기 위해 최선을 다하는 정신을 가리킨다.

개념어 연결하기

신독은 선비들이 자신을 갈고 닦는 기본 자세였다. 선비들은 신독을 통해 일신우일신하고자 했으며, 물건을 만드는 장인은 자신이 하는 분야에서 최고의 경지에 이르기 위해 혼신의 힘을 쏟았는데 이것을 장인정신이라 한다.

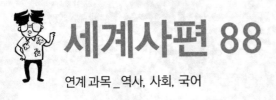

세계사편 88

연계 과목 _ 역사, 사회, 국어

세계 역사의 핵심만 쏙쏙!

농업혁명 · 스파르타쿠스 반란 ··· 봉건제

이야기 속 개념어

내 친구 정훈이는 다른 애들과 다르다. 정훈이는 학교가 끝나면 기타를 배우러 간다고 한다. 나는 **게르만족대이동**처럼 우르르 학원을 향하는 아이들 틈에 끼지 않는 정훈이가 부러웠다. "너네 부모님은 학원 가라고 안 하셔? 중학생인데 기타 배우러 다녀도 된대?" 내가 물었다. "지금이 무슨 중세 **봉건제**냐? 우리 부모님은 내 의견을 존중해 주시는 편이야.", "그래도 그렇지. 정말 수학 학원도 안 다닌단 말이야?", "난 내가 하고 싶을 때 스스로 열심히 해. 그러니 학원이 무슨 소용이 있어. 더구나 난 기타를 마음껏 치고 싶어. 학원 다니면 내가 하고 싶은 거 못하잖아." 난 정훈이를 부러운 눈으로 쳐다봤다. 정훈이에게서 란지와 비슷한 기운이 흘러나왔다. 새삼 란지가 보고 싶어졌다.

그림으로 읽는 개념어

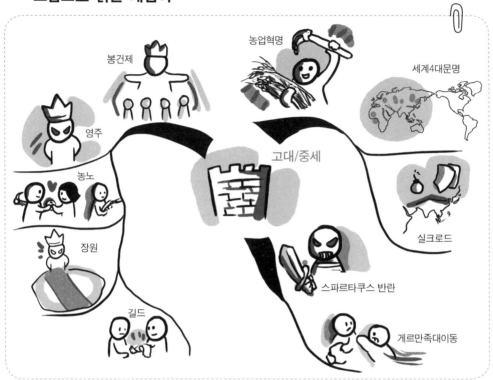

봉건제

농업혁명

세계4대문명

영주

고대/중세

농노

실크로드

장원

스파르타쿠스 반란

길드

게르만족대이동

개념어 사전

농업혁명 - 세계4대문명 - 실크로드

농업혁명　약 1만 년 전에 사냥과 채집 생활을 하던 인류가 농사를 시작하면서
일어난 큰 변화. 신석기시대가 들어서면서 시작되었기 때문에 신석기혁
명이라고도 한다. 농사를 지으면서 정착생활을 하고 인구가 증가했으
며 새로운 문명이 탄생했다.

세계4대문명　고대에 발전했던 4개 문명으로 이집트 문명(나일강), 메소포타미

아 문명(티그리스-유프라테스강), 인더스 문명(인더스강), 황하 문명(황하강)을 지칭하는 말. 모두 큰 강을 끼고 있었으며, 사람이 살기 좋은 기후에 기름진 토지가 많은 지역들이었다. 메소포타미아 지역은 세계 문명의 어머니라 부를 정도로 5,000여 년 전에 이미 상당히 뛰어난 문명을 이룩했다.

실크로드 중앙아시아를 관통하여 중국과 유럽을 잇는 무역로. 이 길을 통해 주로 중국의 비단이 유럽으로 건너갔기 때문에 비단길, 즉 실크로드(Silk Road)라 부른다. 실크로드는 단순히 상업적인 무역로를 넘어 동서문화가 활발하게 교류한 통로 역할을 했는데, 실크로드를 통해 동양의 화약, 제지, 인쇄술 등이 서양에 전해지면서 서양 문명이 크게 발전하였다.

개념어 연결하기 농업혁명으로 본격적인 문명을 일군 인류는 세계4대문명으로 문명의 꽃을 피운다. 실크로드는 따로 발전하던 동서 문명이 활발하게 교류하는 통로였다.

스파르타쿠스 반란 - 게르만족대이동

스파르타쿠스 반란 기원전 70년 경 검투사였던 스파르타쿠스가 중심이 되어 일으킨 대규모 노예 반란. 당시 로마는 대농장에서 노예들을 착취하면서 풍요를 누리던 사회였다. 노예들은 거의 짐승처럼 다루어졌으며, 검투사들은 시민들을 즐겁게 하기 위해 콜로세움에서 목숨을 걸고 싸워야 했다. 노예들은 인간다운 삶을 요구하며 반란을 일으켜 한때 로마 전체를 크게 위협하기도 했으나 결국 진압당하고 만다. 노예도 인간임을 선언한 반란이었다.

게르만족대이동 4세기 말 훈족이 중앙아시아에서 동유럽 쪽으로 이동해 오자 훈족에게 밀린 게르만족이 서로마제국 쪽으로 대규모 이동을 한 사건. 게르만족대이동은 서로마제국이 무너지는 중요한 원인이 되었으며, 서유럽으로 이동한 게르만족은 수많은 국가를 세웠고 이들 국가가 오늘날 유럽 국가의 뿌리가 되었다.

고대 유럽을 지배한 로마는 스파르타쿠스 반란에서 보듯이 노예에 대한 가혹한 착취를 바탕으로 한 국가였다. 오랫동안 유럽을 지배하던 로마는 동서로 분열되었는데, 서로마는 게르만족대이동을 겪으며 무너진다.

봉건제 – 영주 – 농노 – 장원 – 길드

봉건제 [유럽] 장원 경제를 기반으로 봉건영주가 농노를 지배하는 체제.
[중국] 왕이 일정한 지역을 왕족이나 귀족에게 맡겨 다스리는 제도.
봉건제는 동서양을 막론하고 왕의 권력이 약했을 때 사용하는 제도로, 일정한 지역을 봉건영주가 절대적인 권력을 휘두르며 다스렸다는 특징이 있다. 중국에서는 황제의 권력이 강화되면서 중앙에서 직접 관리를 파견하는 '군현제'를 실시했고, 유럽에서는 봉건제가 붕괴되고 절대왕정이 들어서면서 지방에 관료들을 두는 '관료제'로 다스렸다. 군현제와 관료제는 모두 왕이 직접 나라 전체를 통치하려는 제도다. 흔히 봉건적이라는 말은 태어날 때부터 신분이 정해지거나, 지배─피지배 관계가 중심이 되는 낡은 관계를 비판할 때 사용한다.

영주 중세시대 봉건제도 아래서 일정한 지역을 절대적으로 다스리던 지배자를 지칭하는 말. 영주는 그 지역에서는 왕이나 마찬가지여서 농노를 지배하고, 모든 권력을 한 손에 쥔 절대자였다. 절대왕정이 들어서고 상업이 활발해지면서 서서히 무너졌다.

농노　　중세 유럽 봉건제 사회에서 생산을 담당하던 피지배 계급을 일컫는 말. 고대 국가에서 생산을 담당했던 노예보다는 조금 더 자유로웠고, 결혼생활도 했으며 일정 정도 재산도 있었다. 그러나 농업노예(농노)란 말에서 드러나듯이 봉건영주의 지배를 받는 피지배 계급으로 영주에게 수탈을 당하며 살았다.

장원　　봉건사회에서 영주가 지배력을 행사하는 토지. 유럽에서 장원은 완전한 자급자족 형태를 갖춰 외부와 거래 없이 독립적으로 생활하는 지역이었고, 영주가 권력을 행사하는 경제적인 기반이었다. 중국에서 장원은 귀족들이 실질적으로 지배하는 거대한 토지를 가리켰다. 고려시대의 권문세족들도 거대한 장원을 소유하며 수많은 노예를 거느렸다.

길드　　중세시대 유럽에서 같은 일을 하는 상공업자들끼리 뭉친 조직. 중세 유럽 도시가 발전하는 데 큰 기여를 했다. 길드 구성원끼리 어려움에 처한 사람을 서로 돕는 작은 조직으로 출발했으나, 점점 힘이 커지면서 길드 구성원이 되어야만 해당 지역에서 상공업 활동이 가능할 정도로 독점적인 지위를 누렸다.

**개념어
연결하기**　영주, 농노, 장원은 중세시대 봉건제를 이루는 구성 요소다. 길드는 중세시대 상공업 조직이었다.

AD · 마녀사냥 ··· 종교전쟁

이야기 속
개념어

내가 딴생각을 하는 것 같았는지 정훈이가 어깨를 툭 치며 말했다. "너도 기타 한 번 배워 보지 않을래?", "내가? 기타를?", "그래 임마~ 너도 악기 하나쯤은 다뤄보고 싶지 않냐? 한번 생각해 봐. 앗, 늦었다. 나 간다. 잘 가!" 정훈이가 헐레벌떡 가 버리자 나도 수학 학원으로 향했다. 그러나 머릿속은 온통 기타 생각뿐이었다. '엄마가 기타를 배우게 해 주실까? 아마 **백년전쟁**을 치를 각오로 덤벼야 할걸? 아니야, 어쩌면 시원하게 허락해 주실지도 몰라. 한번 말씀드려봐야지.' 나는 마치 **십자군전쟁**에 나가는 군인처럼 나도 모르게 의지가 불타오르는 것을 느꼈다.

그림으로 읽는 개념어

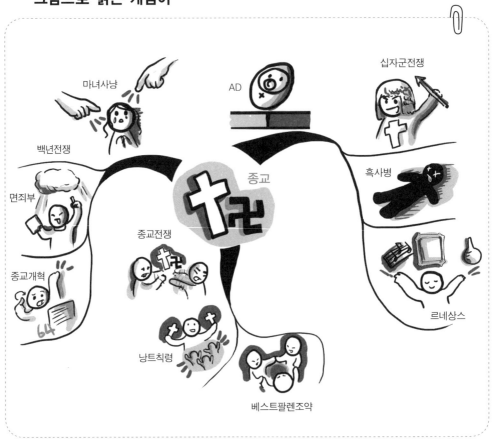

마녀사냥

AD

십자군전쟁

백년전쟁

면죄부

종교

흑사병

종교개혁

종교전쟁

르네상스

낭트칙령

베스트팔렌조약

개념어 사전

AD – 십자군전쟁 – 흑사병 – 르네상스

AD
그리스도가 탄생한 해를 출발로 하여 해(연도)를 셀 때 앞에 붙이는 단위. 그리스도가 탄생하기 전을 BC(Before Christ, 기원전), 탄생한 뒤를 AD(Anno Domini, 기원후)라 한다. 오늘날 가장 흔히 쓰는 연도 표기법이다.

그리스도의 탄생을 기준으로 연도를 만들 때 '0'을 몰랐기 때문에 그리스도가 탄생한 해를 AD 1년이라 한다. 21세기, 16세기라고 할 때 붙이는 '세기'는 100년 단위로 년도를 나누는 법이다. AD 1~100년을 1세기, AD 101~200년을 2세기라 한다.

십자군전쟁　　1096년부터 1270년까지 약 170여 년 동안 8차례에 걸쳐 서유럽의 그리스도교도들이 이슬람이 지배하던 예루살렘을 빼앗기 위해서 벌인 전쟁. 그리스도교도들은 성스러운 땅으로 여기던 예루살렘으로 순례를 했는데 이슬람의 지배로 인해 성지 순례가 어려워졌다. 그러자 성지 예루살렘을 되찾자는 명분으로 전쟁을 일으켰다. 전쟁에 참가한 사람들이 가슴과 어깨에 십자가 표시를 해서 '십자군'이라 부른다. 십자군은 종교적인 목적을 내세웠으나 안으로는 여러 가지 이익을 추구하였는데, 교황은 십자군전쟁을 통해 교황의 권한을 강화하고 동방정교를 자기 수중에 넣고자 하였다. 봉건영주와 기사들은 새로운 땅을 지배하고자 했고, 상인들은 경제적인 이익을 추구했으며, 농민들은 봉건사회의 답답한 현실에서 벗어나고자 했다. 이러한 욕망이 맞물려 십자군전쟁을 벌였으나 1차 원정을 제외하고는 대부분 실패했다. 특히 원정 과정에서 잔혹한 살상을 하고 같은 하느님을 믿는 콘스탄티노플을 약탈하는 등 만행을 저질러 비난을 받았다. 결국 십자군전쟁은 실패로 끝나고 말았다. 십자군전쟁이 실패하면서 전쟁을 주도한 교황과 적극 참여했던 영주와 기사들은 힘이 약해졌다. 반면에 왕의 권력은 강해지고, 상인들도 많은 돈을 벌어들여 힘을 키웠다. 십자군전쟁 기간 동안 새로운 세계를 접한 사람들이 늘어나 대항해시대를 여는 기반이 되기도 한다. 무엇보다 평화롭게 공존하던 이슬람과 그리스도교가 종교적으로 첨예하게 대립하는 출발점이 되었다는 점에서 역사에 큰 악영향을 끼친 전쟁이었다.

흑사병　페스트균에 감염되어 일어나는 전염병. 쥐벼룩을 통해 옮기는 전염병으로 위생이 좋지 않은 도시에서 많이 번졌는데, 살이 썩어 검게 변하기 때문에 흑사병이라 부른다. 14세기에 흑사병이 유럽 전역에 퍼져서 유럽 인구의 1/3 정도가 흑사병으로 사망한다. 이로 인해 노동력까지 부족해지자 농민의 세력이 강해지고 상대적으로 영주들의 힘은 약해졌다. 흑사병을 막지 못하는 그리스도교에 대한 실망감이 확산되었으며, 지독한 공포를 경험한 탓에 예술 문화가 후퇴하기도 했다.

르네상스　14~16세기에 유럽에서 일어난 새로운 문화 운동. 르네상스는 '다시(Re) 태어나다(Naissance)'란 뜻으로, 찬란했던 고대 그리스·로마 문명으로 다시 돌아가자는 문화운동이다. 종교와 봉건제도가 지배했던 중세시대가 문화 발전을 가로막았다는 비판을 하며 문화, 예술, 정치, 과학, 문학 등 모든 분야에서 새로운 시도를 하였다. 르네상스는 구텐베르크가 발명한 인쇄술과 맞물려 유럽이 중세의 어둠에서 벗어나는 계기가 된다. 또한 신 중심에서 인간 중심으로 사고를 전환하고, 미신에서 벗어나 합리적으로 사고할 줄 아는 근대적인 시민을 길러냈다.

개념어 연결하기

연도를 세는 기준을 AD로 할 만큼 서양에서 예수 그리스도는 절대적인 존재다. 십자군 전쟁은 종교의 차이가 표면적인 이유였지만, 사실은 서로의 이익을 취하기 위해 일어난 추악하고 잔혹한 전쟁이었다. 흑사병은 철저히 종교가 지배하던 유럽사회에 균열을 냈고, 르네상스는 종교가 모든 것을 지배하는 시대에서 벗어나 인간 중심적인 사회로 회복하려는 운동이었다.

마녀사냥 13~16세기 중세 유럽에서 근거 없이 수많은 여성을 마녀라고 낙인찍어 잔인하게 죽인 사건. 중세시대에는 성직자들의 권력이 절대적이었는데 교회가 면죄부를 발행하는 등 타락한 행위를 하면서 비판을 많이 받았다. 이에 성직자들이 자신들의 권력을 지키고 사람들의 불만을 마녀에게 돌리기 위해 힘없는 여성들을 마녀로 낙인찍고 마녀사냥을 벌였다. 대부분 지독한 고문으로 마녀를 만들어냈다. 심지어는 걸음마도 제대로 떼지 못한 유아를 마녀라며 불에 태워 죽이기도 했다. 지금도 마녀사냥은 다수의 사람이 힘없는 약자를 합리적이지 않은 이유나 무차별적인 방법으로 비난하고 공격하는 경우를 가리킨다.

백년전쟁 프랑스와 영국이 플랑드르와 기옌 지방의 지배권을 둘러싸고 1337년부터 1453년까지 100여 년 동안 벌인 전쟁. 백년전쟁 전에 영국은 플랑드르와 기옌 지방을 지배했는데, 플랑드르 지방은 유럽 최대 모직물 공업지대였고 기옌 지방은 유럽 최대 포도주 생산지였다. 겉으로는 프랑스의 왕위 계승권을 둘러싼 싸움처럼 보이지만 실제로는 이 지역을 누가 지배할지를 두고 벌인 전쟁이었다. 잔다르크가 활약한 전쟁이며 그녀의 활약으로 프랑스가 전쟁에서 우위를 점하고 승리했다. 전쟁이 오랫동안 계속되면서 두 나라 모두 봉건 귀족들의 힘이 약해지고, 왕권이 강화되었으며, 부르주아 시민세력의 힘이 강해지고, 농민들이 봉건적 지배질서에서 벗어나려는 요구가 강해졌다.

면죄부 중세시대에 교회가 지옥에서 받을 죄를 면해준다면서 사람들에게 판매한 증서. 교회를 크게 건축하면서 필요해진 돈을 충당하기 위해 사람들에게 면죄부를 팔았는데, 돈으로 천국을 산다는 비판을 받았다. 루터는 "천국을 돈으로 살 수는 없다."며 면죄부 발행을 강력하게 비판하고 종교개혁을 시도했다.

종교개혁 16~17세기 경 중세유럽을 지배하던 로마 가톨릭이 면죄부 판매 등으로 타락하는 모습을 보이자, 진정한 신앙을 회복하고 올바른 교회를 만들고자 벌인 교회개혁운동. 돈으로 천국을 거래하는 교회의 면죄부 판매를 비판한 루터의 '95개조 반박문'을 시작으로 가톨릭이 지배하던 중세 유럽의 교회를 변화시켜 갔다. 종교개혁을 통해 오늘날 흔히 기독교라 부르는 '프로테스탄트(신교도)'가 생겨났으며 가톨릭의 힘이 크게 약해졌다.

개념어 연결하기 마녀사냥과 면죄부는 중세 그리스도교가 얼마나 타락했는지 보여주는 단적인 예다. 종교의 참모습으로 돌아가려는 종교개혁은 당연히 일어날 수밖에 없었다. 그 와중에 유럽 각국은 여러 이유로 전쟁을 벌이고 있었는데, 백년전쟁은 그 중에서 가장 대표적인 전쟁이다.

종교전쟁 – 낭트칙령 – 베스트팔렌조약

종교전쟁 [넓은 의미] 종교를 둘러싸고 일어난 모든 전쟁. [좁은 의미] 서양에서 종교개혁 직후에 일어난 가톨릭과 프로테스탄트(신교도) 두 파가 벌인 전쟁. 네덜란드 독립전쟁, 프랑스의 위그노전쟁, 독일을 중심으로 벌어진 30년전쟁 등을 종교전쟁이라 한다. 핵심 쟁점은 프로테스탄트들에게 종교의 자유를 허용할지 여부였다. 가톨릭은 신교도를 인정하지 않고 신교도를 탄압하기 위해 전쟁을 벌였으며, 프로테스탄트는 종교의 자유를 얻기 위해 전쟁을 벌였다.

낭트칙령 1598년 프랑스 국왕 앙리 4세가 낭트에서 위그노파에게 조건부로 신앙의 자유를 허용한 칙령. 당시 서유럽은 종교전쟁이 극심했는데 프랑스는 약 30년 동안 종교전쟁을 벌이는 중이었다. 앙리 4세는 왕위에 오른 뒤 종교 대립을 없애기 위해 신교(기독교)에서 구교(가톨릭)로 자신의 종교를 바꿨으며, 동시에 신교도에게도 일정 정도 종교의 자유를 인정했다. 종교의 차이를 공식적으로 인정한 첫 사례다.

베스트팔렌조약 1638년, 독일의 30년전쟁을 끝맺으며 유럽 국가들끼리 체결한 조약. 로마 가톨릭뿐 아니라 루터파, 칼뱅파 등도 자유롭게 종교를 믿도록 인정함으로써 종교의 자유를 보장하였다. 네덜란드, 스위스가 독립하고 신성로마제국이 붕괴하면서 제후들과 각 나라들이 강력한 힘을 지니게 되었다. 종교의 자유를 인정하고, 근대적인 국가들이 출현하는 계기가 된 조약이다.

개념어 연결하기

종교개혁을 통해 신교도프로테스탄트가 탄생했는데, 신교도와 구교도는 서로의 신앙을 인정하지 않고 다툼을 벌이다 결국 서로를 죽이는 종교전쟁을 벌였다. 낭트칙령은 처음으로 종교의 자유를 인정한 사례며, 베스트팔렌조약을 통해 신앙, 사상의 자유가 공식적으로 유럽에서 인정받는다.

시민혁명 · 명예혁명 · 프랑스혁명 ··· 차티스트운동

이야기 속 개념어

우리 집의 권력은 엄마다. 어떻게 보면 '엄마라는 **절대왕정**이 지배하고 있는 것과 마찬가지다. 그 만큼 엄마의 힘은 세다. 그런 엄마에게 내가 학원을 그만두고 기타를 배우겠다고 하는 것은 자유를 얻기 위해 싸운 **시민혁명**이나 마찬가지다. 나에게는 **프랑스혁명**보다 더 중요한 혁명이다. 그러면 정훈이는 나에게 스스로 권리를 찾을 수 있도록 용기를 준 **계몽사상**의 전도사인가? 여기까지 생각하니 픽 웃음이 나왔다. 그리고 갑자기 기타는 내가 반드시 쟁취해야 할 **권리장전**처럼 느껴졌다.

그림으로 읽는 개념어

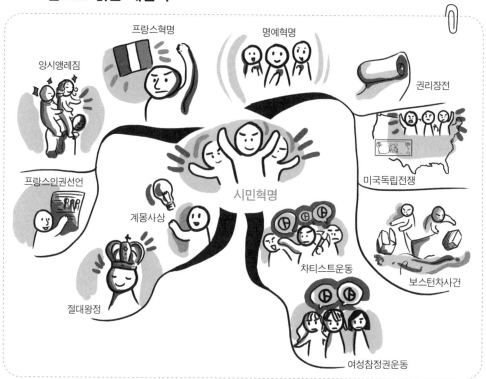

프랑스혁명

명예혁명

앙시앵레짐

권리장전

프랑스인권선언

미국독립전쟁

계몽사상

시민혁명

차티스트운동

보스턴차사건

절대왕정

여성참정권운동

개념어 사전

시민혁명 - 계몽사상 - 절대왕정

시민혁명 절대왕정과 봉건세력을 타도하고 시민들이 주인이 되는 정치 질서를
수립한 혁명. 영국혁명(청교도혁명과 명예혁명), 미국의 독립전쟁, 프랑스혁명
등을 세계 3대 시민혁명이라고 한다.

계몽사상 무지몽매한 상태에서 벗어나 인간 이성을 밝게 빛나게 하고, 신이 주신
인간의 권리를 누려야 한다는 사상. 계몽사상은 프랑스혁명을 비롯한

시민혁명을 이끄는 핵심 사상이자, 서구 사회를 지금처럼 만든 뿌리가 된 사상이다.

절대왕정 유럽에서 봉건영주들의 힘이 약해지면서 왕이 절대적인 권력을 휘두르던 정치 형태. "짐이 곧 국가다."고 할 정도로 왕이 절대적인 권력을 휘둘렀다. 절대왕정의 특징은 크게 네 가지다. ① 왕권신수설을 내세워 절대복종을 요구, ② 관료제를 통한 전국적인 통치제제, ③ 상비군(늘 준비된 군대)으로 강력한 지배력 유지, ④ 중상주의 정책으로 상업을 활발하게 장려하고, 이를 통해 관료제와 상비군을 유지하는 비용을 충당. 절대왕정은 절대적으로 부패하기 마련이므로 힘을 키우던 시민세력과 충돌할 수밖에 없었고, 결국 시민혁명이 일어난다. 현대 민주주의 국가는 절대왕정과 싸움에서 시민들이 승리한 결과물이다.

개념어 연결하기 계몽사상은 시민혁명을 이끄는 핵심 사상이었다. 시민들은 혁명을 통해 절대왕정을 끝내고 시민이 주인이 되는 나라를 만들고자 했다.

명예혁명 – 권리장전 – 미국독립전쟁 – 보스턴차사건

명예혁명 1688년 영국에서 입헌군주제가 들어서게 한 시민혁명. 피를 흘리지 않고 혁명을 하였기에 명예혁명이라고 부른다. 명예혁명으로 인해 왕은 형식적으로 지위를 누릴 뿐 권력을 행사하지 못했다. 대신 의회가 나라를 다스리게 되었는데, 명예혁명에서 선포한 '권리장전'은 영국 민주주의의 뿌리가 되는 선언이다.

권리장전 영국의 명예혁명 결과로 1689년에 탄생한 문서. 영국 헌법의 기초가 되는 법률 문서 중 하나로, 왕이 지배하는 시대가 끝나고 시민이 지배하는 시대로 넘어가는 출발점이었다.

미국독립전쟁　　1775년 북아메리카에 있던 영국 식민지 지역 시민들이 독립을 위해 일으킨 전쟁. 이 전쟁에서 승리한 식민지 시민들이 미국을 세웠다. 미국 1달러의 주인공이자 초대 대통령인 워싱턴이 총사령관이 되어 전쟁을 이끌었으며 1776년 '독립선언서'를 발표했고, 전쟁을 승리로 이끈 뒤 1783년 '파리조약'을 통해 독립하였다. 미국은 왕이 없는 헌법을 기초로 백성들이 나라를 다스리는 최초의 국가였다. 이것은 절대왕정과 귀족들의 지배에 고통당하던 프랑스 시민들에게 희망을 주었고, 프랑스혁명에 큰 영향을 끼친다.

보스턴차사건　　1773년 보스턴 시민들이 영국 차를 가득 실은 배를 습격하여 차를 파괴한 사건. 영국이 북아메리카 식민지에 지나치게 간섭한다며 반발한 시민들이 일으킨 사건으로 미국독립전쟁이 일어나는 계기가 된다.

**개념어
연결하기**　　권리장전은 명예혁명의 결과물이며, 보스턴차사건은 미국독립전쟁의 출발점이다.

프랑스혁명 – 앙시앵레짐 – 프랑스인권선언

프랑스혁명　　1789년 절대왕정을 몰아내고 시민이 주인이 되는 사회를 만들기 위해 프랑스 시민들이 일으킨 혁명. 앙시앵레짐으로 고통받던 시민들은 루이 16세가 부족한 세금을 채우기 위해 '삼부회'를 개최하자, 이를 기회로 새로운 사회를 만들려고 시도한다. 루이 16세가 시민들의 요구를 군사력으로 탄압하려는 기미가 보이자 시민들은 1789년 7월 14일 '바스티유 감옥'을 습격하면서 혁명을 시작한다. 프랑스혁명 과정에서 보편적인 인권을 위한 인권선언을 선포하였으며, 백성들의 삶과 인권을 위한 다양한 개혁을 시도하였다. 수많은 사람들을 반혁명분자라 하여 단두대에서 처형하였고, 로베스피에르 같은 이들은 공포정치를 실시하기도 했다. 나폴레옹이 쿠데타를 일으켜 왕위에 오르면서 민주공화국을 수립하려던 혁명은 실패로 끝난다. 프랑스혁명은 자유·평등·박애라는 인류의 보편적 이념을 널리 퍼뜨렸으며, 유럽사회를 근본적으로 바꾸는 계기가 되었다. 오늘날 시행하는 민주주의 제도와 인권에 대한 생각은 대부분 프랑스혁명을 그 뿌리로 한다.

앙시앵레짐　　프랑스어로 '옛날 제도'라는 뜻으로, 프랑스혁명 당시 타도 대상이 되었던 신분질서. 당시 프랑스는 극소수 성직자(1신분)와 귀족(2신분)이 대다수 시민(3신분)을 수탈하는 체제였다. 절대왕정 체제였기에 왕은 사치와 방탕을 일삼으며 막강한 권력을 휘둘렀고, 제3신분인 시민들은 세금을 내고 귀족과 성직자를 먹여 살리느라 엄청난 수탈을 감수해야 했다. 앙시앵레짐으로 인해 고통받던 시민들은 불만을 품게 되고 프랑스혁명을 일으키게 된다. 앙시앵레짐은 지금도 없애야 할 옛날 제도를 가리키는 말로 자주 쓴다.

프랑스인권선언　　1789년 8월, 프랑스혁명이 진행되던 중에 프랑스 시민들을 대표한 '국민의회'가 채택한 선언. 인간은 자유롭고 평등한 권리를 지니며, 신체의 자유를 누리고, 모든 주권은 국민에게 있으며, 사상과 의견을 자유롭게 펼칠 권리와 무죄추정의 원칙 등을 담았다. 민주주의의 기본 사상을 담고 있어 민주주의를 지향하는 나라들에 큰 영향을 끼쳤다.

교과서 어휘력이 밥이다

프랑스혁명은 앙시앵레짐으로 인해 일어났으며, 프랑스혁명의 핵심 정신은 프랑스인권선언에 잘 나와 있다.

차티스트운동 – 여성참정권운동

차티스트운동   1830~40년대에 영국 노동자들이 선거권을 획득하기 위해서 벌인 운동. 당시에 노동자들은 선거권이나 피선거권이 없을 정도로 차별을 받았다. 차티스트운동은 사회정치적 차별에 맞선 노동자들의 대중적인 정치운동이었다.

여성참정권운동   19세기 말부터 여성들이 자신들에게도 참정권을 달라고 요구하며 벌인 여성운동. 당시 여성은 한 명의 인간으로 존중받지 못한 채 남성의 부속물로 취급당했다. 당연히 정치적 권리인 참정권도 없었다. 이에 여성들은 남성과 평등하게 대우받아야 함을 주장하면서, 여성들에게도 참정권을 달라고 요구하며 대대적인 여성운동에 나섰다. 1893년 뉴질랜드가 처음으로 여성들에게 참정권을 주었으며, 20세기 초에 대다수 민주주의 국가에서 여성에게 참정권을 주었다.

차티스트운동과 여성참정권운동은 시민혁명 과정에서 소외받았던 노동자들과 여성들이 자신들의 권리를 얻기 위해 벌인 운동이었다.

대항해시대 · 산업혁명 ··· 제1차 세계대전

이야기 속 개념어

　　　'좋아. 엄마한테 도전해 보자. 대항해시대를 연 모험 가들처럼!' 마음속으로 몇 번을 다짐하고 엄마 앞에 섰다. 그러나 현실은 제1차 세계대전 저리 가라 할 만큼이었다. "기타는 무슨? 그것도 수학 학원을 그만 두고? 얘가 정신이 나갔구나? 이 녀석아, 중학교부터는 공부 전쟁이야." 엄마는 내가 무엇을 잘못 먹지는 않았나 하는 눈빛으로 바라보셨다. 하긴 뜬금없이 기타라니, 그럴 만도 하셨다. 그러나 포기할 수 없었다. "엄마, 나도 하고 싶은 거 하나쯤은 할 수 있지 않아요? 란지처럼 학교를 그만두겠다는 것도 아닌데 무조건 반대는 너무 하세요. 엄마는 완전 독재에 제국주의하고 똑같아요.", "뭐, 독재에 제국주의?" 란지 이름이 나오자 약간 움찔하셨지만 독재와 제국주의란 말에 엄마는 화가 나셨는지 나를 매섭게 노려보았다.

그림으로 읽는 개념어

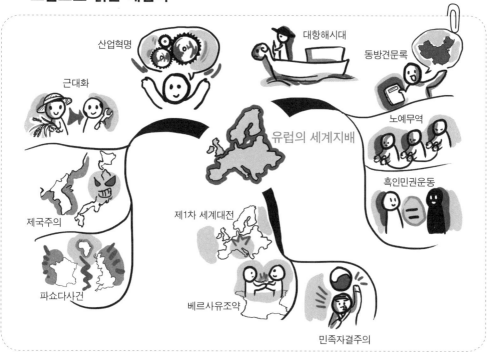

산업혁명

근대화

대항해시대

동방견문록

노예무역

유럽의 세계지배

흑인민권운동

제국주의

제1차 세계대전

파쇼다사건

베르사유조약

민족자결주의

개념어 사전

대항해시대 –동방견문록 –노예무역 –흑인민권운동

대항해시대　　　15세기에 포르투갈의 엔리케 왕자가 주도한 아프리카 항로 개척을 위한 모험을 시작으로 콜럼버스의 아메리카 대륙 발견, 마젤란의 세계일주 등 유럽이 전 지구를 대상으로 탐험과 항해를 한 시대. 육식을 위주로 하는 유럽인들에게는 향신료가 매우 중요한 식료품이었다. 향신료를 얻기 위한 무역로를 개척해 이득을 차지하려고 바다를 탐험하는 사람들이 나타났고, 콜럼버스도 이들 중 하나였다. 콜럼버스는 향신료의 주 생산지인 인도로 더 빠르게 갈 수 있는 무역로를 개척하려다 아메리카 대륙을 발견하였다. 금과 은을 얻으려는 욕심, 기독교를 새로운 세상에 퍼뜨려야 한다는 종교적 열망, 새로운 세계를 향한 모험심도 대항해시대를 이끈 원동력이었다. 대항해시대를 통해 유럽은 수많은 식민지를 개척했으며, 식민지에서 수탈한 자원을 바탕으로 경제를 발전시켜 산업혁명을 이루고 세계를 지배하는 힘을 얻었다. 대항해시대는 유럽 문명이 세계를 지배하는 출발점이었다.

동방견문록 이탈리아 베네치아 상인이던 마르코 폴로가 1271년부터 1295년까지 아시아를 여행한 체험담을 기록한 책. 마르코 폴로는 실크로드를 통해 중앙아시아를 가로질러 중국으로 갔고, 당시 세계를 지배하던 몽골이 세운 원나라에 가서 17년간 머물며 높은 관직에 오르기도 했다. 이후에 바닷길을 통해 이탈리아로 돌아왔는데 이 과정에서 보고, 듣고, 겪은 것들을 기록한 책이 『동방견문록』이다. 『동방견문록』으로 인해 유럽인들은 아시아에 대한 호기심이 생겼고, 황금의 땅에 대한 욕망도 커졌다. 『동방견문록』은 대항해시대를 여는 데 큰 영향을 끼쳤다.

노예무역 신항로 개척으로 아메리카 대륙을 지배하던 백인들이 면화, 담배, 커피 등을 대규모로 생산하는 데 필요한 노동력을 구하기 위해 아프리카 흑인들을 노예로 삼으려고 진행했던 무역. 수천 만 명의 흑인들이 노예로 팔려나갔으며, 끌려가는 도중에 목숨을 잃은 흑인들도 많았다. 서유럽과 미국의 상인과 농장주들은 노예를 사고팔며 엄청난 부를 축적했고, 그 과정에서 자본주의 경제가 발전했다. 17세기에 노예무역에 대한 비판이 제기되면서 차츰 줄어들다가, 1863년 링컨 대통령이 '노예해방선언'을 하면서 최종적으로 금지되었다.

교과서 어휘력이 밥이다

흑인민권운동   차별받는 흑인들이 자신들의 권리를 쟁취하기 위해 벌인 운동. 노예해방이 되자 겉으로는 흑인들의 지위가 나아진 듯했지만 현실에서는 여전히 인간 이하의 취급을 받았다. 흑인들은 백인과 동등한 인간임을 선언하고 인간다운 대접을 받기 위해 노력했는데 1960년대에는 대규모 운동으로 확대되었다. 마틴 루터 킹 목사는 비폭력 원칙에 따라 흑인민권운동을 이끌었고, 그 결과 공공시설에서 흑백 분리 금지, 고용 차별 금지, 흑인과 백인의 융합을 위한 노력이 의무화되었다. 흑인들의 권리와 자유는 크게 향상되었으나, 오늘날에도 얼굴색이 다르다는 이유만으로 차별하는 사람들이 많다.

개념어 연결하기

『동방견문록』은 대항해시대에 가장 크게 영향을 끼친 책이다. 대항해시대는 노예무역으로 이어졌고 유럽과 미국의 발전에 크나큰 영향을 끼쳤다. 노예였던 흑인을 차별하는 뿌리 깊은 의식과 제도를 없애기 위한 운동이 흑인민권운동이다.

산업혁명 – 근대화 – 제국주의 – 파쇼다사건

산업혁명   18세기 중엽에 증기기관을 비롯한 혁신적인 기술개발을 바탕으로 진행된 사회·경제적인 변화. 이전까지 수공업으로 생산하던 방식에서 벗어나 공장의 대규모 기계를 통한 대량 생산 체제를 만들어 냈다. 산업혁명으로 인해 자본가와 노동자라는 새로운 계급이 출현하고, 도시로 인구가 집중되었으며 역사 이래 가장 풍요로운 시대를 맞이하였다. 또한 산업혁명으로 발전한 서구 유럽은 전 세계를 지배하는 힘을 얻게 되었고, 자본가와 노동자의 대립으로 인해 사회주의 사상이 탄생했다.

산업혁명은 농업혁명 이후 세상을 가장 크게 변하게 만든 혁명으로 인류의 삶을 근원부터 바꿔놓았다.

근대화 농업을 중심에 둔 봉건사회에서 공업을 중심에 둔 자본주의 산업사회로 옮겨가는 과정이나 그 정도를 일컫는 말. 근대화를 이루면서 경제뿐만 아니라 인간의 사고방식이나 문화 등 사회 전반적으로 큰 변화가 일어났다.

제국주의 자본주의가 발달한 나라가 자본주의가 발달하지 않은 나라를 정치, 경제, 군사적으로 지배하려는 정책. 자본주의가 발달한 나라들은 산업생산에 필요한 자원이 더 많이 필요했고, 기계화된 공장에서 대량생산한 상품을 팔 곳도 필요했다. 이를 위해 자본주의 국가들은 힘이 약한 나라를 침략하여 식민지로 삼았는데 이를 제국주의라 한다. '일제'는 '일본 제국주의'를 줄인 말이다. 19세기말에서 20세기 초에 걸쳐 제국주의가 극에 달했고, 제국주의 열강끼리 식민지를 두고 격렬하게 싸운 전쟁이 제1차 세계대전이다.

파쇼다사건 1898년 프랑스와 영국이 아프리카 지배과정에서 충돌한 사건. 영국은 북에서 남으로 식민지를 연결하는 '종단 정책'을 펼쳤고, 프랑스는 동에서 서로 식민지를 연결하는 '횡단 정책'을 펼쳤는데, 이 두 나라가 파쇼다에서 정면으로 충돌한다. 이 사건이 직접적인 전쟁으로 이어지지는 않았지만 서구 제국주의 국가들이 전 세계를 분할 점령하고 있음을 명확히 드러낸 사건이었다. 동시에 향후 제국주의 국가들끼리 식민지를 둘러싸고 전쟁을 벌일 가능성이 있음을 보여주었다.

개념어 연결하기 산업혁명으로 근대화를 이룬 유럽은 제국주의 국가로 변했다. 파쇼다사건은 제국주의 국가끼리 전쟁이 벌어질 것을 암시하는 상징적 사건이었다.

제1차 세계대전 – 베르사유조약 – 민족자결주의

제1차 세계대전   1914년 7월부터 1918년 11월까지 영국, 프랑스, 러시아, 미국 등을 한편으로 한 연합국과 독일, 오스트리아, 터키 등을 한편으로 하는 동맹국 사이에 벌어진 20세기 최초의 세계대전. 대항해시대 이후 식민지를 개척해 왔던 서구 열강은 19세기 말과 20세기 초에는 제국주의 국가가 되어 세계를 거의 대부분 분할 점령하였다. 더 이상 식민지로 삼을 땅이 남아 있지 않은 상황에서 뒤늦게 제국주의 국가가 된 독일이 새로운 식민지를 찾으려고 하면서, 기존에 식민지를 넓게 보유하던 영국, 프랑스 등과 대립한다. 발칸반도는 다양한 민족과 종교로 인해 갈등이 심한 곳이었는데, 오스트리아 왕세자 부부가 세르비아 청년이 쏜 총에 맞아 사망한다. 이 사건을 계기로 전쟁이 발발하였고 이는 곧바로 세계대전으로 확산되었다. 제1차 세계대전은 그 이전 전쟁과 달리 대규모 살육전이었다. 비행기, 탱크, 장갑차, 생화학 무기 등이 동원되어 엄청난 살상이 벌어졌다. 이 전쟁은 대량살육이라는 점이 분명하게 드러나는 전쟁이었는데 독일이 항복하면서 전쟁은 끝이 났다.

베르사유조약   1919년, 제1차 세계대전에서 패한 독일과 승리한 연합국들이 프랑스 베르사유에서 맺은 조약. 이 조약으로 인해 독일은 식민지를 모두 잃는다. 원래 프랑스 지방이었던 알자스로렌 지방을 프랑스에 되돌려 주었으며, 엄청난 규모의 배상금도 물어야 했다. 또한 군대도 제대로 보유하지 못하게 되었다. 독일 국민들은 이 조약에 큰 불만을 품는데, 나중에 히틀러가 권력을 장악할 때 이 조약의 문제점을 교묘히 이용하여 독일 국민의 지지를 이끌어 냈다.

민족자결주의　　　각 민족은 자기 운명을 스스로 결정하는 '자결권'이 있으며, 다른 민족은 간섭하지 못한다는 원칙. 제1차 세계대전이 끝난 뒤 미국 윌슨 대통령이 발표한 원칙으로, 당시 제국주의 국가들의 지배를 받던 수많은 식민지 민족에게 큰 희망이 되었다. 일본의 지배를 받던 한민족도 민족자결주의에 영향을 받아 3·1운동을 일으켰다. 그러나 민족자결주의는 제1차 세계대전 패전국의 식민지에만 적용되었고, 승전국인 영국, 프랑스, 일본의 식민지에는 전혀 적용되지 않았다. 제1차 세계대전이 끝난 뒤에는 민족자결주의가 제대로 실현되지 않았으나, 제2차 세계대전 뒤에는 대부분의 식민지 민족들이 독립하면서 민족자결주의가 제대로 실현되었다.

개념어 연결하기

제국주의 침략은 결국 제1차 세계대전으로 이어졌다. 베르사유조약은 제1차 세계대전을 마무리하는 조약이었으며, 제1차 세계대전이 끝난 뒤 윌슨은 제국주의 국가의 지배를 받던 식민지 민족에게 해방에 대한 희망을 주는 민족자결주의를 선포한다.

대공황·나치스·메이지유신
··· 제2차 세계대전

엄마와 내가 냉랭하니 다른 가족들도 눈치를 봤다. 작은고모가 엄마 눈치를 보더니 나에게 한마디 했다. "너네 엄마 지금 공황, 아니 **대공황** 상태야. 너 때문에.", "내가 뭘요?", "몰라서 물어? 착실하던 네가 갑자기 제2의 란지가 되었는데, 너네 엄마 속이 말이 아니지. 이거 무슨 **아우슈비츠수용소**도 아니고 숨이 막혀서 밥이나 넘어가겠니?" 아빠도 엄마 눈치를 보며 한 말씀 거드셨다. "그건 고모 말이 맞다. 그런데 아빠는 중립이야. 어떻게 결론이 나더라도 따를 의사가 있다는 거~~" 그리고 나에게 살짝 윙크 하셨다. 역시 아빠다. 나는 용기가 났다. 그리고 엄마와 협상에서 **마지노선**을 어디까지 할지를 계산했다.

그림으로 읽는 개념어

파시즘
나치스
제2차 세계대전
마지노선
위기의 세계
진주만공격
아우슈비츠수용소
대공황
메이지유신
맨해튼계획
뉴딜
대동아공영권
야스쿠니신사
난징대학살

개념어 사전

대공황 - 뉴딜

대공황　1929년 10월 24일, 뉴욕 증권거래소 주가가 대폭락하면서 시작된 세계
　　　　적인 규모의 공황. 미국에서 시작하여 대부분의 자본주의 국가로 퍼져
　　　　나갔으며 자본주의는 대위기를 맞이하였다. 산업생산은 거의 절반 수
　　　　준으로 떨어졌으며 거리에는 수백만 명의 실업자들이 줄을 이었다. 농
　　　　장에는 먹을 것이 넘쳐났지만 돈이 없어 사람들은 굶어 죽었다. 미국
　　　　은 뉴딜정책으로 공황에서 탈출하려 했고, 영국과 프랑스는 자신들이

지배하는 식민지 국가들을 이용해 공황에서 벗어나려 하였다. 그러나 식민지가 부족했던 독일, 이탈리아, 일본은 대공황에서 벗어날 방법이 없었다. 결국 군대를 양성하고 외국을 침략하는 방법으로 대공황을 탈출하려고 하였다. 그 결과 대공황은 제2차 세계대전을 통해 완전히 사라졌는데, 전쟁이 대공황에 빠진 세계를 구원한 셈이다. 대공황 이후 자본주의는 무조건적인 자유 시장 정책을 버리고, 케인즈의 충고에 따라 정부가 간섭하고, 국민의 복지를 보장하는 쪽으로 변화한다.

뉴딜 1929년 시작된 대공황을 극복하기 위해 1933년 미국 루즈벨트 대통령이 실시한 경제 정책. 뉴딜은 국가가 적극적으로 개입해 공황을 해결하는 새로운 정책이었다. 그 이전까지는 경제학자들과 정부 관리들은 자유롭게 시장에 맡겨두면 모든 것이 자연스럽게 해결된다는 '보이지 않는 손' 이론을 철석같이 믿었다. 그러나 이러한 믿음은 대공황으로 산산조각이 나고 만다. 뉴딜은 정부가 다양한 사업을 벌여 일자리를 만들고, 소비를 만들어 냄으로써 경제를 활성화하고, 노동자들이 안정된 고용을 보장받도록 하고, 실업자를 지원하는 정책을 핵심으로 한다.

개념어 연결하기 미국은 대공황을 뉴딜을 통해 극복하고자 했다.

나치스 - 파시즘 - 아우슈비츠수용소

나치스 제2차 세계대전을 일으킨 독일의 파시즘 정당. 히틀러가 이끌었고 정식 명칭은 '국가사회주의독일노동자당'이다. 독일 민족이 세계에서 가장 우수한 인종이고 다른 민족은 열등하니 독일이 세계를 지배해야 하며, 유대인은 세상에서 가장 열등한 민족이므로 없애야 한다고 주장했다. 1933년 선거에서 승리한 히틀러가 수상이 되자 1당 독재와 경찰, 비밀조직으로 국민을 감시하고 통제하였으며, 모든 민주주의 질서를 부정하고 개인의 자유를 억압했다. 또한 제2차 세계대전을 일으키고, 세계대전 중에 유대인 수백만 명을 학살하는 등 잔인한 전쟁범죄를 저질렀다. 제2차 세계대전에서 독일이 패하면서 나치스는 불법 조직이 되었고, 히틀러는 자살한다.

파시즘 1919년 이탈리아 무솔리니가 주장한 전체주의. 일반적으로 전체주의를 파시즘이라 한다. 파시즘은 인간 평등을 부정하고 민주주의가 아니라 소수 독재가 중심이다. 또한 전체를 위해 개인의 희생을 당연시 하고 열등한 인종은 지배하거나 말살하는 것이 옳은 일이라고 여긴다. 자신과 생각이 다른 사람을 절대 인정하지 않고 사회를 획일적으로 만들려고 한다. 파시즘은 적대적인 세력에 대해 전쟁과 살인도 서슴지 않는다. 파시즘은 민주주의와 완벽히 정반대 사상이다. 독일의 나치즘, 일본의 군국주의도 파시즘의 일종이다.

아우슈비츠수용소 제2차 세계대전 중에 나치스가 폴란드 아우슈비츠에 설치한 강제 수용소로 400여만 명을 학살한 죽음의 수용소. 강제 수용소에 수용된 사람들은 가스실, 고문, 인체실험, 굶주림, 질병 등으로 몰살됐으며 그 중 상당수가 유대인이었다. 히틀러는 대량학살을 통해 반대자를 죽이고, 유대인을 비롯해 자신이 열등하다고 믿는 민족을 없애 버리려고 했다. 아우슈비츠수용소는 나치스와 같은 전체주의가 얼마나 비인간적인 학살을 자행할 수 있는지 보여주는 역사의 현장이다. 끔찍한 역사를 기억하고 다시는 그와 같은 일이 반복되지 않도록 하기 위해서 아우슈비츠수용소는 원형 그대로 보존하고 있다.

나치스는 전형적인 **파시즘** 권력이다. **아우슈비츠수용소**는 파시즘이 얼마나 위험한지를 보여주는 생생한 증거다.

메이지유신 – 대동아공영권 – 난징대학살 – 야스쿠니신사

메이지유신 일본 메이지 왕이 막부체제를 무너뜨리고 왕이 직접 통치하는 혁명을 이룬 사건. 일본은 1850년대 미국 페리 제독에 의해 개항을 당했는데, 당시 일본 왕은 형식적으로 존재할 뿐 실제 권력은 막부가 장악하고 있었다. 그런데 일본 왕 메이지가 막부를 무너뜨리고 권력을 장악한 다음, 일본을 자본주의 체제로 급격히 변화시킨다. 이렇게 메이지유신으로 자본주의 기틀을 마련한 일본은 식민지 개척에 나섰으며, 조선은 일본의 침략을 받아 식민지가 되고 만다.

대동아공영권 제2차 세계대전 당시 일본이 아시아의 여러 나라를 침략할 때 내세운 주장으로 일본을 중심으로 동아시아, 동남아시아 국가들이 단결해야 한다는 주장. 아시아 민족이 서양 세력에 맞서려면 일본을 중심으로 뭉쳐야 한다고 주장하며, 일본이 서양의 지배로부터 아시아 국가들을 구해주겠다고 하였다. 그러나 실제로는 일본이 아시아 국가들을 식민지로 지배하기 위한 속임수였다. 일본은 제2차 세계대전 중에 점령한 국가들에서 대동아공영권 주장과는 한참 거리가 먼 잔인한 만행들을 저질렀다.

난징대학살 1937년 12월, 중일전쟁을 벌이던 일본군이 당시 중국의 수도인 난징 일대에서 30~40만 명이나 되는 일반인들을 무차별 학살한 사건. 무차별 사격, 불태워 죽이기, 땅에 묻기 등 각종 잔악한 방법으로 여자와 어린이를 구분하지 않고 학살했다. 중일전쟁에서 중국의 기세를 꺾기 위해 벌인 짓으로 일본군이 저지른 잔인한 전쟁범죄였다. 난징대학살을 저지른 일본군 책임자들은 제2차 세계대전 뒤 전쟁범죄에 대한 죄를 물어 사형에 처해졌다.

야스쿠니신사　　일본에서 신을 모시는 절(신사) 중에서 가장 큰 규모로 제2차 세계대전 당시 사망한 군인들과 전쟁범죄를 저지른 자들을 위해 제사를 지내는 곳으로, 일본 군국주의를 상징하는 장소. 식민지 지배는 정당했고, 자신들은 침략이 아닌 세계평화를 위한 전쟁을 했으며 종군위안부는 없었다고 주장하는 일본 군국주의자들이 자신들의 정치적 야욕을 드러내기 위해 참배를 하는 곳이다. 일본 정부 관리나 의원들도 가끔씩 야스쿠니신사를 참배하는데 그때마다 외교적으로 큰 문제가 생긴다. 야스쿠니신사 참배는 일본이 과거에 저지른 침략 행위를 반성하지 않고 있음을 보여주는 직접적인 증거다.

**개념어
연결하기**

일본은 메이지유신으로 근대화에 성공해 아시아에서는 유일하게 제국주의 국가가 된다. 대동아공영권을 내세워 아시아를 위하는 척 했으나, 아시아 각국을 침략하며 난징대학살 등 잔혹한 범죄를 저질렀다. 야스쿠니신사 참배는 아직도 일본이 과거 침략행위를 반성하지 않고 있음을 드러내는 증거다.

제2차 세계대전 -마지노선 -진주만공격 -맨해튼계획

제2차 세계대전　　1939년에서 1945년까지 세계적인 규모로 벌인 인류 역사상 가장 거대한 전쟁. 전체주의 국가였던 독일, 이탈리아, 일본이 전쟁을 일으켰고, 이에 맞서 영국, 프랑스, 미국, 소련 등이 연합했다. 1939년 9월 독일의 히틀러가 폴란드를 침공하면서 독일과 이탈리아를 한편으로 하고 영국과 프랑스를 연합국으로 한 전쟁이 벌어졌다. 1941년 독일이 소련을 공격하면서 소련이 연합국에 참가하였고, 일본이 미국 하와이의 진주만을 공격하면서 미국도 전쟁에 참가하였다. 초기에는 연합국이 밀렸으나 노르망디 상륙작전, 스탈린그라드 전투, 미드웨이 해전 등에서 승리하면서 연합국이 승기를 잡았다. 1945년 5월 히틀러가 자살하면서 독일이 항복했고, 일본은 히로시마와 나가사키에 원자폭탄을 투하하자 무조건 항복하여 전쟁이 끝났다. 세계 역사상 가장 참혹한 전쟁으로 수천만 명이 사망하고, 수억 명이 피해를 당하는 인류 역사상 최악의 전쟁이었다. 대량살육과 인체실험 등으로 인류의 선(善)에 대한 근본적인 의문이 제기되었고, 핵무기로 인해 지구 전체의 생명이 위협당하는 상황을 빚은 인류가 겪은 최악의 역사였다.

마지노선 제1차 세계대전 뒤 프랑스가 독일의 공격을 막기 위해 국경 지역에 구축한 방어선에서 유래한 말로 더는 허용할 수 없는 마지막 한계선이라는 뜻. 제1차 세계대전에서 독일군의 진격에 대항한 것을 교훈으로 더 강력한 방어선을 구축하기 위해 프랑스는 독일 국경 지대에 최고의 기술을 동원하여 난공불락의 방어선을 구축했다. 이를 프랑스 육군 장관이었던 '마지노'의 이름을 따서 마지노선이라고 불렀다. 난공불락의 요새로 구축했지만 제2차 세계대전 때 독일군이 마지노선 중심부가 아닌 벨기에 쪽을 돌파해 공격하자 마지노선은 너무나 쉽게 무너지고 말았다.

진주만공격 1941년 12월 7일, 일본군이 미국의 해군부대가 있던 진주만을 공격하여 태평양 전쟁을 일으킨 사건. 일본군이 선제공격을 했기 때문에 미군은 변변히 싸워보지도 못하고 크게 패한다. 당시 미국은 제2차 세계대전에서 중립을 선포하여 전쟁에 참전하지 않았는데, 진주만이 공습을 당한 뒤 미국은 중립을 깨고 전쟁에 참가한다. 일본은 동남아시아에 있던 영국과 네덜란드 식민지를 침공할 때 미국의 간섭을 차단하고 동남아시아의 풍부한 원유를 확보하기 위해서 선제공격을 감행했으나, 이는 잠자는 사자의 코털을 건드린 꼴이 되고 말았다. 처음에는 일본군이 우세했지만 막강한 경제력을 앞세운 미국에게 결국 패전한다.

맨해튼계획　　제2차 세계대전 때 미국이 진행한 원자폭탄 발명 계획. 독일보다 빨리 원자폭탄을 만들어야 한다는 아인슈타인의 권유를 루스벨트 대통령이 받아들이면서 원자폭탄을 만드는 맨해튼계획을 진행한다. 수천 명의 과학자들과 수만 명의 기술자들이 참여한 대규모 개발 계획이었다. 맨해튼계획이 성공하면서 인류는 핵무기라는 절대적인 파괴 무기도 함께 소유하게 된다. 1945년 7월 16일, 원자폭탄 실험에 성공한 미국은 1945년 8월 6일에 인류 역사상 처음으로 일본 히로시마에 원자폭탄을 떨어뜨렸다.

개념어 연결하기　제2차 세계대전은 역사상 최악의 전쟁이다. 마지노선이 붕괴되면서 프랑스가 독일에 패했고, 진주만공격은 중립을 지키던 미국이 전쟁에 뛰어든 계기가 되었다. 맨해튼계획에 따라 탄생한 핵무기는 제2차 세계대전을 끝낸 강력한 무기였지만, 동시에 인류를 파멸로 이끌지도 모를 위험을 안겨주었다.

열쇠말 6

러시아혁명 · 군비경쟁 ··· 열강

이야기 속 개념어

　　엄마와 **냉전**은 생각보다 오래갔다. 그러나 굳이 따지자면 엄마는 힘이 센 **열강**이고 나는 힘이 약한 약소국이다. 아빠는 '이기는 편이 내 편'이라는 자세를 취하고 계신다. 물론 속으로는 나에게 지지를 보내고 계시지만 현실이 그렇게 만만치 않으신가 보다. 고3인 누나는 **게릴라** 작전으로 공부하고 있다며 건들지도 말라고 하니, 나는 어떻게든 엄마와 스스로 해결을 해야 한다. 어떻게 하면 엄마를 이길 수 있을까? 그러다가 나에게 구원투수가 나타났다. 바로 얼마 전에 삼촌과 결혼한 작은엄마였다. 작은엄마가 엄마와 나 때문에 썰렁하다 못해 냉전으로 얼어붙은 우리 집에 **탈냉전**의 손길을 내미셨다.

그림으로 읽는 개념어

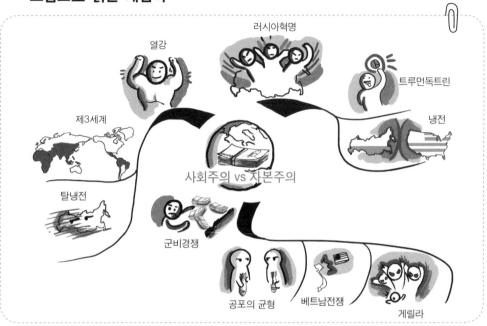

열강　러시아혁명　트루먼독트린

제3세계　냉전

사회주의 vs 자본주의

탈냉전

군비경쟁

공포의 균형　베트남전쟁　게릴라

개념어 사전

러시아혁명 – 트루먼독트린 – 냉전

러시아혁명　　　1917년 러시아에서 일어난 세계 최초의 사회주의 혁명. 러시아는 로마노프 왕조가 전제정치를 하며 국민들을 탄압하고 있었으며 경제 수준도 형편없었다. 당시 제1차 세계대전이 진행 중이었는데 농민과 노동자들의 삶은 끔찍했고, 독일과 전쟁을 하는 군인들조차 먹고 입을 게 없어 고통을 받았다. 더 이상 견디지 못한 시민들은 1917년 3월 로마노프 왕조를 무너뜨리고 민주주의 혁명을 이룩했다. 1917년 11월에는 레닌을 중심으로 한 사회주의자들이 노동자, 농민, 군인들의 힘을 모아 자본주의 체제를 무너뜨리고 사회주의 혁명을 이루었다. 러시아 혁명은 세계 최초의 사회주의 혁명으로 이후 20세기 동안 자본주의와 사회주의가 서로 대결하는 출발점이 되었다.

트루먼독트린 1947년 3월, 미국 대통령 트루먼이 공산주의 세력과 대결하고, 민주주의를 지향하는 국가에 원조를 하겠다고 한 선언. 트루먼독트린 이후 냉전이 시작된다. 미국은 공산주의에 대치하는 나라에 원조를 제공하고 정치와 군사적인 동맹을 강화한다.

냉전 제2차 세계대전이 끝난 뒤 세계가 소련을 중심으로 한 사회주의권과 미국을 중심으로 한 자본주의권으로 나뉘어 서로 격렬하게 대립하며 갈등을 빚었던 상황. 직접 싸우는 전쟁인 열전(The Hot War)과는 반대 개념으로 냉전(The Cold War)이라 하였다. 미국과 소련은 서로 '공포의 균형'을 유지하며 직접 전쟁을 하지는 않았으나, 세계 각지에서는 자본주의 진영과 사회주의 진영이 숱한 전쟁을 치렀다. 6·25전쟁, 베트남전쟁은 냉전 시대의 대표적인 전쟁이다.

개념어 연결하기 러시아혁명으로 세계 최초의 사회주의 국가가 탄생했다. 트루먼독트린을 시작으로 자본주의와 사회주의가 대결하는 냉전이 시작되었다.

군비경쟁 - 공포의 균형 - 베트남전쟁 - 게릴라

군비경쟁 서로 적대적인 국가들끼리 상대보다 더 강한 군대를 만들기 위해 군사비에 돈을 쏟아 부으며 벌이는 경쟁. 예전에 미국과 소련(현 러시아)이 벌인 군비경쟁이 대표적이다.

공포의 균형 핵무기를 보유한 국가끼리는 누가 먼저 공격하던 서로 괴멸당할 수밖에 없다는 공포로 인해 서로 전쟁을 하지 않고 평화를 유지하려고 노력하는 상태. 공포의 균형으로 인해 핵무기를 보유한 국가끼리는 서로 갈등을 겪더라도 전쟁을 일으키지 않으려 한다.

베트남전쟁 제2차 세계대전이 끝난 뒤부터 1975년까지 베트남에서 벌어진 전쟁. 베트남은 제2차 세계대전이 끝나자 독립을 요구했으나 프랑스가 이를 허락하지 않아 전쟁이 일어났다. 베트남과 프랑스 사이의 전투는 베트남의 승리로 끝났다. 이것이 1차 베트남전쟁이다. 프랑스의 뒤를 이어 미국이 개입했고, 미국과 전쟁을 우려한 소련과 중국의 요구로 남북 베트남으로 분단된 채 독립하였다. 북은 사회주의 국가, 남은 자본주의 국가였다. 남베트남은 미국이 크게 지원했지만 권력층이 부패하고 무능하여 국민들이 등을 돌렸다. 처음에는 소규모 병력으로 치고 빠지는 게릴라식 전술을 쓰는 베트콩과 미군이 남베트남에서 전투를 벌였고, 나중에는 북베트남과 전면전으로 확대되었다. 우리나라도 베트남전쟁에 군대를 파견했다. 민심이 북베트남을 지지하였기에 미국은 이기지 못하고, 결국 전쟁에서 패해 물러났다. 1975년 북베트남이 남베트남을 완전히 차지하면서 전쟁이 끝난다.

게릴라 군복을 착용하지 않고 소규모로 적 후방에서 치고 빠지는 전투를 하는 사람들. 일본에 맞서 독립군들이 게릴라식 전투를 한 바 있으며, 프랑스의 레지스탕스(독립운동가)도 나치스에 맞서 게릴라식 전투를 벌이기도 했다. 게릴라 전투는 그 지역에 사는 백성들이 지지하기 때문에 가능한 전투 형태다. 가장 강력한 게릴라 전투를 벌인 이들은 베트남전쟁 때 남베트남의 베트콩들이었다. 미국은 베트콩의 게릴라 전투를 이겨내지 못해 베트남전에서 철수했다.

개념어
연결하기

냉전 시기 미국과 소련은 **군비경쟁**을 치열하게 벌였으나 핵무기로 인한 **공포의 균형** 때문에 서로 직접적인 전쟁은 벌이지 않았다. **베트남전쟁**은 냉전 시기 벌어진 가장 치열한 전쟁이었다. 베트남전쟁에서 베트콩들은 **게릴라** 전술로 미군을 물러나게 했다.

열강 - 제3세계 - 탈냉전

열강   국제 관계에서 힘이 아주 강한 나라들. 열강은 세계 문제에서 아주 강력한 영향력을 발휘한다. 과거 냉전 시기에는 소련과 미국이 양강 구도를 이루었으나, 최근에는 중국의 힘이 강해지면서 G2라 하여 미국과 더불어 중국을 최강대국으로 꼽는다.

제3세계   냉전 시기 미국을 중심으로 한 발달된 선진자본주의 국가를 제1세계, 소련을 중심으로 한 사회주의 국가를 제2세계, 제1세계와 제2세계 어디에도 속하지 않은 국가들을 제3세계라 하였다. 제3세계는 라틴아메리카, 아시아, 아프리카에 속한 국가들이 대부분이고, 발전이 더디고 뒤떨어진 국가들이 다수다. 과거 강대국의 식민지 지배를 받았던 국가들로 아직도 그때의 상처에서 벗어나지 못하고 빈곤의 수렁에 빠져있는 국가들이 많다.

탈냉전   1991년 소련이 붕괴하면서 자본주의와 사회주의 사이에 적대적인 대립관계였던 냉전이 끝났다는 말.

개념어
연결하기

열강은 강력한 국가들, **제3세계**는 대부분 약한 국가들이다. 사회주의가 몰락하면서 이념에 따른 대결이 끝나고 **탈냉전** 시대가 펼쳐졌지만, 국가들끼리의 대결은 여전하다.

팔레스타인 · 카슈미르분쟁 ··· 석유파동

시험 성적이 나올 때마다 **통곡의 벽**이라도 붙잡고 울고 싶은 심정이었지만, 이번에는 작은엄마의 조언대로 할 참이다. 작은엄마의 조언을 참고로 내가 엄마에게 건 협상 조건은 다음과 같았다. ① 학원은 계속 다니겠음. ② 월, 수, 금요일은 학원 수강을 하는데 수강 시간을 두 배로 늘리겠음. ③ 이번 시험 성적보다 다음 시험 성적을 올리도록 하겠음. ④ 화요일과 목요일은 기타를 배우는 날로 정해서 열심히 할 것임.

환경운동을 하는 **그린피스**는 별의별 방법으로 자신들이 원하는 걸 이룬다고 하는데, 나도 모든 수단을 동원해 내 목표를 이뤄 볼 생각이다. 엄마가 과연 들어주실지 모르겠지만 한 번 도전해 보기로 했다.

그림으로 읽는 개념어

밸푸어선언

팔레스타인

카슈미르분쟁

체첸분쟁

통곡의 벽

갈등과 위기

걸프전쟁

그린피스

석유파동

테러와 전쟁

GREENPEACE

교토의정서

개념어 사전

팔레스타인 - 밸푸어선언 - 통곡의 벽

팔레스타인　　　현재 이스라엘이 위치한 동지중해 지역. 예루살렘을 중심으로
한 지역인데 역사적으로 유대교와 기독교, 이슬람교의 성지다. 구약성
서의 주 무대고, 예수가 활동한 지역이며 이슬람과도 관련이 깊다. 이
로 인해 종교적, 민족적 갈등이 심할 수밖에 없었는데, 20세기에 들어
서는 유대인이 이 지역에 유대인 국가를 세우려 하면서 심각한 갈등을

빚고 있다. 팔레스타인을 둘러싸고 이스라엘과 아랍 국가들은 여러 차례 전쟁을 벌이기도 했다.

밸푸어선언　　1917년 영국의 외무장관 밸푸어가 유대인들의 지지를 이끌어내기 위해 팔레스타인 지역에 유대인 국가를 수립하는 것을 지지한다고 밝힌 선언. 독일에 맞서 제1차 세계대전을 벌이던 영국은 경제력이 탄탄한 유대인들의 지원을 이끌어내기 위해 유대인들이 2천 년 전에 살았던 팔레스타인에 유대인 국가(현 이스라엘)를 세우는 것을 지지한다고 밝혔다. 그러나 영국은 아랍인들의 지원을 이끌어내기 위해서 팔레스타인 지역에 아랍인 독립 국가를 세우도록 지원하겠다는 약속(맥마흔 선언)을 이미 한 적이 있기에 아랍인들에게는 완전한 배신이었다. 밸푸어 선언으로 같은 지역에 두 민족 모두 국가를 세우도록 인정한 꼴이 되었고, 유대인과 아랍인이 적대적으로 싸우게 만든 원인을 제공했다.

통곡의 벽　　구약성서의 솔로몬과 관련한 전설이 깃든 벽. 솔로몬은 예루살렘에 하느님을 위한 성전을 지었으나 대부분 무너졌으며, 통곡의 벽은 솔로몬이 지은 성전 벽의 일부라고 한다. 로마군이 예루살렘을 공격하여 수많은 유대인을 학살한 적이 있었는데 이를 지켜본 성벽이 눈물을 흘리며 슬프게 울었다 하여 통곡의 벽이라 부른다. 유대인들은 통곡의 벽이란 이름에 걸맞게 이 벽 앞에서 슬프게 울며 기도를 올린다고 한다. 통곡의 벽은 유대인의 성지면서, 동시에 이슬람 사원의 일부로 이슬람에도 성스러운 장소다. 이렇듯 통곡의 벽은 유대인과 무슬림(이슬람을 믿는 사람들) 모두에게 중요한 곳이다 보니 분쟁이 끊이지 않았고, 1929년엔 유대인과 무슬림 사이에 다툼이 생겨 수많은 사람이 목숨을 잃기도 했다. 현재 중동지역에서 벌어지는 유대인과 무슬림, 서구와 아랍인의 분쟁이 시작된 장소가 바로 통곡의 벽이다.

팔레스타인을 둘러싼 갈등을 야기한 선언이 밸푸어선언이다. 통곡의 벽은 중동분쟁이 시작된 장소이자, 중동지역에서 벌어지는 대립이 얼마나 슬픈지 상징하는 용어이기도 하다.

카슈미르분쟁 – 체첸분쟁 – 걸프전쟁 – 테러와 전쟁

카슈미르분쟁　　인도와 파키스탄 국경에 위치한 카슈미르 지역을 둘러싼 분쟁. 1947년 영국의 식민지였던 인도는 힌두교의 인도와 이슬람교의 파키스탄으로 분리 독립한다. 그때 두 나라 국경지대의 카슈미르는 이슬람 인구가 대부분이었으나, 지도자가 힌두교 신자여서 인도로 카슈미르를 넘겨버렸다. 이로 인해 1948년 전쟁이 벌어졌고, 그 후에도 분쟁이 끊이지 않고 있다. 카슈미르를 둘러싼 분쟁은 인도와 파키스탄을 격렬하게 대립하게 했고, 두 나라가 핵무기를 개발해 서로를 향해 겨누는 지경에 이른다.

체첸분쟁　러시아 남부 산악지대에 위치한 체첸에서 러시아와 체첸이 벌인 전쟁. 1991년 소련이 해체될 때 체첸도 독립하려 하였으나 러시아는 체첸에 있는 석유를 확보하고자 독립을 허락하지 않았다. 체첸이 독립운동을 벌이자 러시아가 군대를 파견하여 전쟁을 벌였고, 전쟁이 끝난 뒤에도 테러가 발생하는 등 끊임없이 갈등을 빚었다.

걸프전쟁　이라크가 쿠웨이트를 침략하자 미국을 중심으로 한 다국적군이 이라크를 쿠웨이트에서 몰아내기 위해 벌인 전쟁(1991년). 이라크군을 쿠웨이트에서 몰아내면서 전쟁은 끝이 났다. 이후 지속적으로 이라크를 봉쇄하던 미국이 테러와 전쟁을 벌이는 과정에서 대량살상무기를 막겠다며 다시 한 번 이라크를 공격(이라크전쟁)하는데, 그 결과 후세인 정권은 무너진다. 그러나 전쟁을 일으킨 명분이었던 대량살상무기는 전혀 발견되지 않았다. 미국이 이라크전쟁을 일으킨 본래 목적은 석유를 차지하기 위해서였다.

테러와 전쟁　테러를 일으킨 세력을 대상으로 한 전쟁으로, 주로 미국이 이슬람 테러 세력과 벌이는 전쟁을 가리키는 용어. 2001년 9월 11일, 미국 뉴욕의 세계무역센터 빌딩과 워싱턴의 국방부 청사 등이 납치당한 항공기에 의해 공격당한다. 미국은 9·11테러를 일으킨 테러 조직 '알카에다'를 없애기 위해 아프가니스탄을 침공하였다. 이후 테러리스트나 테러를 지원하는 국가와 벌이는 전쟁을 테러와 전쟁이라 부른다.

개념어 연결하기 ··· →
카슈미르분쟁, 체첸분쟁, 걸프전쟁처럼 세계 곳곳에서 끊임없이 전쟁이 벌어진다. 모두 영토와 자원을 둘러싼 욕심에서 시작된 것이다. 테러와 전쟁은 나라가 적이 아니라 테러집단이 적이기에 그 이전의 전쟁과는 차원이 다른 전쟁이다.

석유파동 – 교토의정서 – 그린피스

석유파동　1970년대 석유수출국기구(OPEC)가 중심이 되어 원유 생산량을 제한하고 가격을 인상하면서 발생한 세계적 차원의 사건. 아랍과 이스라엘 사이에 전쟁이 벌어지자 아랍 국가들은 이스라엘을 지원하는 미국과 서유럽 국가들을 압박하기 위해 석유를 무기로 사용한다. 석유 가격이 크게 오르면서 세계는 큰 어려움을 겪게 되었고, 이로 인해 석유가 얼마나 중요한 자원인지 사람들이 인식하게 되었다. 이를 계기로 석유에서 벗어나 새로운 에너지를 개발하려는 노력을 시작하였다.

교토의정서　　날이 갈수록 심각해지는 지구온난화를 막기 위해 맺은 국제 협약. 지구온난화를 일으키는 주범인 이산화탄소, 메탄 등 온실가스를 각 나라별로 구체적으로 얼마까지 줄여야 하는지를 정한 협약이다.

그린피스　핵을 반대하고, 환경을 보호하며 평화를 증진시키는 활동을 펼치는 국제 환경보호 단체.

개념어
연결하기

석유파동은 에너지 위기가 얼마나 무서운지 보여준다. 교토의정서는 석유와 같은 화석연료를 마구잡이로 사용해서 벌어지는 지구온난화를 막기 위한 협정이다. 그린피스와 같은 환경단체는 지구의 환경보호를 목적으로 한다.

춘추전국시대 · 정화의 남해원정 ··· 대장정

이야기 속
개념어

엄마와 마주 앉았다. 엄마는 마치 중국의 **진시황제** 같았다. 그러나 나는 나의 **문화대혁명**을 이루어야 한다는 심정으로, 그리고 이 냉전의 **대장정**을 얼른 끝내서 가족들의 고충도 덜어주어야겠다는 사명감으로 협상카드를 내밀었다. 가슴이 뛰었다. 침을 꿀꺽 삼켰다. 협상카드를 보신 다음에도 엄마는 한참 동안 말씀이 없으셨다. 그러나 드디어 평소 온화한 눈빛으로 돌아오시더니 결국 입가에 미소가 흘렀다. 엄마가 내 손을 잡으며 말씀하셨다. "그렇게 기타가 배우고 싶니? 좋아. 네 협상안을 받아들일게. 물론 아빠 의견도 참고했지만, 네가 이렇게까지 고민하는데 엄마가 무조건 반대만 하면 안 되겠지. 그러나 만약 네가 한 약속을 어긴다면 기타는 포기해야 한다는 것을 잊지 마라." 나는 승리의 환호성을 지르고 싶은 마음을 꾹 누르고 약속을 지키겠노라고 당당하게 말씀드렸다.

그림으로 읽는 개념어

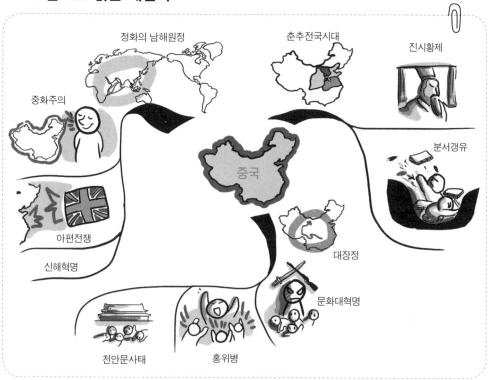

정화의 남해원정

춘추전국시대

진시황제

중화주의

중국

분서갱유

아편전쟁

신해혁명

대장정

문화대혁명

천안문사태

홍위병

개념어 사전

춘추전국시대 – 진시황제 – 분서갱유

춘추전국시대   주나라 중심 체제가 무너진 기원전 8세기부터 진나라가 중국을 통일하기 전인 3세기까지 중국의 역사. 춘추전국시대는 '춘추시대'와 '전국시대'로 나눈다. 춘추시대는 수십, 수백 개 국가가 난립하면서 경쟁하는 체제였으나 다른 나라를 함부로 무너뜨리지 않았고, 형식적이나마 주나라를 인정하였다. 그러나 전국시대는 7개 나라가 중국 전체를 통일하기 위해 치열한 전쟁을 치르며 하나의 중국을 만들기 위해 싸웠고, 주나라는 형식적으로도 그 존재 의미가 없었다.

진시황제 중국을 최초로 통일한 진나라의 첫 번째 황제. 최초로 자신을 황제라 칭하여 진시황제(秦始皇帝)라 한다. 진시황제는 봉건제를 폐지하고 황제가 관료를 파견하는 '군현제'를 실시했다. 물건의 규격을 나타내는 '도량형'을 통일하고 화폐를 발행하였다. 한자를 하나로 통일하였으며 전국을 잇는 도로를 놓았다. 흉노족과 같은 북방 기마민족의 침입을 막고자 만리장성을 쌓기도 했다. 진시황제가 이러한 정책을 펼침으로써 중국은 유럽과 달리 하나의 나라로 통합될 수 있었다. 그러나 무자비한 법으로 백성들을 처벌하고, 대규모 토목공사를 벌여 백성들의 원성을 샀다. 진시황제가 사망하자 곧바로 반란이 일어나 진나라는 멸망하고, 항우와 유방이 겨룬 끝에 유방이 승리하여 한나라가 들어선다.

분서갱유 책을 불태우고 유학자들을 땅에 묻는다는 뜻으로, 진나라를 통일한 진시황제가 자신의 정책에 반대하는 내용을 담은 책을 불태우고, 반대 의견을 표하는 유학자들을 탄압하기 위해 실시한 탄압책. 진나라는 법으로 통치하는 '법가'가 중심이었기 때문에 이에 반하는 '유가'를 철저히 탄압했다. 진이 멸망하고 한나라가 들어서면서 유가가 빛을 보기 시작했고, 중국에서 중심이 되는 사상으로 자리를 잡는다. 독일 나치스도 반대자들을 탄압하기 위해 책을 불사르고, 나중에는 사람까지 불태워 죽였는데 '현대판 분서갱유'라 하겠다. 생각이 다른 사람을 인정하지 못하고 탄압할 때 분서갱유가 벌어진다.

개념어 연결하기 춘추전국시대를 끝내고 진시황제가 최초로 중국을 통일한다. 진시황제는 업적도 많았으나 분서갱유에서 보듯이 잔혹한 통치로 백성의 원성을 샀다.

정화의 남해원정 1400년대 중국 명나라 때 정화가 대규모 함대를 이끌고 동남아와 인도양 일대를 항해한 사건. 정화는 이슬람교 출신인데 황제의 명령을 받아 1405년부터 1433년까지 7회에 걸쳐 거대한 선단을 이끌고 동남아시아에서 인도양, 아프리카 일대를 탐험하였다. 정화가 이끌던 함대는 당시 세계 최고 수준이었으며 콜럼버스보다 80여 년 앞섰다. 그러나 명나라가 내부 문제로 함대를 폐기하면서 중국은 바다를 통해 세계를 지배할 기회를 잃어 버렸다.

중화주의 중국이 가장 뛰어나며 중국이 세상의 중심이라는 중국 한족들의 사상. 유교와 한자를 바탕으로 한 중국의 문화는 동아시아뿐 아니라 세계 곳곳에 많은 영향을 끼쳤다. 중국이 강대한 나라였기에 한족은 자연스럽게 자신들이 가장 우월하다고 믿고 다른 민족들을 무시했다.

아편전쟁 1840년 아편 수출을 둘러싸고 청나라와 영국이 벌인 전쟁. 영국은 청나라에서 비단, 차, 도자기들을 대량 수입했으나 수출은 별로 하지 못했다. 그로 인해 은이 대규모로 중국으로 빠져 나가 심각한 문제가 생겼다. 이에 영국은 인도에서 아편을 재배해 청나라로 수출했는데 아편 수입이 늘면서 청나라 화폐였던 은이 대규모로 빠져나가게 된다. 또한 아편 중독자들이 늘어나면서 사회 곳곳에서 큰 문제가 발생했다. 이에 청나라는 임칙서를 파견해 아편을 불태우고 밀수업자를 처형했다. 영국은 여기에 불만을 품고 군대를 파견해 전쟁을 벌였고 영국군이 크게 승리했다. 아편전쟁에서 승리한 영국은 홍콩을 빼앗고, 5개 항구를 열어 무역을 확대하게 하는 등 청나라에게 일방적으로 불리한 '난징조약'을 체결했다.

신해혁명　1911년(신해년)에 일어난 중국 민주주의 혁명. 쑨원이 중심이 되어 청나라를 타도하고 중화민국을 수립하였다. 아시아 최초로 민주공화국을 수립한 역사적인 혁명이었으나, 위안스카이가 총통이 된 뒤 스스로 황제의 자리에 오르려 하면서 완벽한 성공은 거두지 못한다. 신해혁명 뒤 혁명 세력이 중심이 되어 만든 국민당, 각 지역에 있던 군대 파벌, 사회주의 사상을 따르는 공산당 사이에 치열한 대립이 이어졌다.

개념어 연결하기　중화주의가 그릇된 생각이긴 하지만 정화의 남해원정에서 보듯이 중국은 당시까지는 세계 최강의 국가였음은 분명하다. 그러나 아편전쟁에서 패하면서 중국은 종이호랑이일 뿐임이 드러났다. 아편전쟁 이후 열강에 시달리던 중국은 신해혁명을 통해 청나라를 무너뜨리고 민주공화국으로 변화를 시도한다.

대장정 – 문화대혁명 – 홍위병 – 천안문사태

대장정　1934년부터 1935년까지 약 15,000km 거리를 중국 공산당 홍군이 국민당 군대의 추격을 피해 행군한 사건. 대장정 과정에서 홍군은 엄청난 피해를 입었으나, 그 과정에서 보여준 헌신성이 중국 국민들의 열렬한 지지를 이끌어냈고, 국민당 군에 견줘 열세였던 세력을 크게 키워주었다. 대장정 과정에서 지도력을 보여준 마오쩌둥(모택동)은 공산당의 지도자가 된다. 대장정에서 힘을 키운 홍군은 국민당과 연합하여 일본군을 몰아낸 뒤, 국민당과 벌인 내전에서 승리를 거두고 1949년 중국 대륙을 장악해 지금의 중화인민공화국을 수립했다.

문화대혁명   중국 공산당 지도자인 마오쩌뚱이 자본주의 사상, 문화, 습관을 몰아내자며 벌인 대대적인 공산주의 문화운동. 전통문화가 사회주의 발전을 방해한다며 대규모 파괴를 일삼고, 수많은 지식인, 관리, 학자들을 자본주의에 물들었다는 이유로 무참히 살해했다. 문화대혁명으로 수많은 사람들이 피해를 봤으며 중국 문명을 후퇴하게 만들었다. 마오쩌뚱이 사망한 뒤에야 문화대혁명은 끝이 났고, 중국 사회 전반에 크나큰 피해를 남겼다.

홍위병   중국의 문화대혁명 당시 마오쩌뚱의 손발이 되어 문화대혁명을 이끈 학생 조직. 오직 마오쩌뚱의 명령만을 받으며 합리적인 판단을 하지 않고, 무자비하게 자신들이 지목한 적들을 죽여 나갔다. 이로 인해 지금도 특정한 지도자를 따르면서 반대자들에게 무자비하게 행동하는 사람들을 '홍위병'이라 일컫는다.

천안문사태   1989년 6월 4일, 천안문 광장에서 민주화 시위를 하던 시민과 학생을 중국 정부가 무력으로 진압한 사건. 중국은 개혁과 개방정책이 한창이었는데, 경제가 발전하자 정치에서도 자유를 요구하는 사람들이 많아졌다. 시민과 학생들이 천안문 광장에서 민주화를 요구하며 시위를 벌이자, 중국 정부는 장갑차까지 동원하여 강경하게 진압하였다. 이후 중국은 경제적으로는 G2라 불리며 미국에 맞설 정도로 성장하였지만 정치적으로는 여전히 중국 공산당 1당 지배체제다.

개념어 연결하기   대장정은 중국 공산당이 중국을 장악하게 된 결정적 계기가 된 사건이다. 중국을 장악한 공산당은 문화대혁명과 같은 큰 실수를 저지르기도 한다. 홍위병은 문화대혁명에 앞장선 핵심 세력이었다. 천안문사태는 중국의 개혁과 개방 과정에서 벌어진 비극적인 사건이었다.

교과서 어휘력이 밥이다